A ESPIRITUALIDADE NA INICIAÇÃO À VIDA CRISTÃ

JOSÉ LAÉRCIO DE LIMA, SJ

A ESPIRITUALIDADE NA INICIAÇÃO À VIDA CRISTÃ

EDITORA
SANTUÁRIO

Imagem da capa: *A transfiguração do Senhor*
Cláudio Pastro - Santuário Nacional de Nossa Senhora Aparecida

Dados Internacionais de Catalogação na Publicação (CIP) de acordo com ISBD

L732e Lima, José Laércio de

A espiritualidade na iniciação à vida cristã / José Laércio de Lima. - Aparecida : Editora Santuário, 2024.
104 p. ; 14cm x 21cm.

Inclui bibliografia.
ISBN 978-65-5527-374-8

1. Religião. 2. Cristianismo. 3. Espiritualidade. 4. Vida cristã. I. Título.

2023-2811 CDD 240
CDU 24

Elaborado por Vagner Rodolfo da Silva - CRB-8/9410

Índice para catálogo sistemático:
1. Religião : Cristianismo 240
2. Religião : Cristianismo 24

1ª impressão

Rua Pe. Claro Monteiro, 342 – 12570-045 – Aparecida-SP
Tel.: 12 3104-2000 – Televendas: 0800 0 16 00 04
www.editorasantuario.com.br
vendas@editorasantuario.com.br

SUMÁRIO

INTRODUÇÃO

A busca de experimentar Jesus nos coloca no caminho, em busca de encontro. A oração é uma bela oportunidade para construir esse encontro. O silêncio, a meditação, a contemplação e a leitura bíblica são meios e instrumento para aprofundar essa relação de amor com o amado.

Toda a vida carrega uma pergunta e, ao mesmo tempo, aspira a uma resposta. A pergunta que perpassa nossa existência pode ser encontrada quando fizermos silêncio como encontro, buscando sentir e saborear a presença deste Deus, que "está no meio de nós" e que revela sua face em seu Filho Jesus.

Catequistas, missionários, seguidores de Jesus como um todo, encontrarão neste livro uma forma de avançar em direção da maior intimidade e amizade com o Deus, que se revelou amor em Jesus Cristo, o Nazareno.

O texto, dividido em capítulos e subtítulos, poderá ser usado de várias maneiras. Pode ser lido como um conjunto, em sua unidade, bem como, por partes, por temas, saboreando, pouco a pouco e sem pressa. Afinal, esta nunca nos ajudará no desejo de encontrar Jesus, e a oração é participar de Deus, deixar nosso interior ser embalado pela dança do Espírito.

Enquanto estivermos neste mundo, desejaremos a eternidade, que já começa aqui, todas as vezes que buscamos ir além do fazer. Esta obra nos relembra que fomos tocados por Deus, que Ele está em nossa vida e aberto à comunicação.

Nesta publicação, encontraremos também o aprofundamento de algumas palavras, como: contemplação, meditação, consolação e desolação, assim como mistagogia, que são centrais e aparecerão no caminho de quem se lança no silêncio orante, que é encontro, conversa com Jesus, que se encarnou e veio viver em meio a nós.

Assim, este livro mostra como no mundo atual, com suas dispersões, seus desafios, sua revolução da tecnologia da informação, da inteligência artificial e, ao mesmo tempo, das oportunidades que esta realidade nos oferece, precisamos sim conhecer mais Jesus, nossa abertura a Deus e crescermos na criatividade e ousadia.

É preciso anunciar, com alegria, o evangelho que dá e traz a esperança. É preciso aprofundar, de verdade, nossa relação com o que celebramos e revelar como estamos vivendo e praticando a fé.

Essa prática deve brotar sempre e cada vez mais do que experimentamos dentro, da voz de Deus em nossa vida. Não estamos sozinhos, Ele caminha conosco.

Este livro também nos oferece uma oportunidade para rezarmos melhor, respondermos a algumas perguntas existenciais que estão em nós, que nos habitam e nos impulsionam na busca das coisas de Deus. Não há oração, vida cristã, sem encontro, sem face a face com Jesus, sem nos deixarmos afetar pela presença de Deus aqui e agora.

Por fim, este material nos ajudará a rezar melhor nossa liturgia e nos conectar, mais profundamente, com a Palavra de Deus, redescobrindo e intensificando, como nos diz papa Francisco, o "estupor" diante de sua presença. Tendo feita a experiência do encontro, anunciar e evangelizar acolhendo o envio de Cristo dentro de cada um de nós.

1

ANUNCIAR A PARTIR DO ENCONTRO COM CRISTO

1.1. Ser testemunha de um encontro

Tudo começa com um encontro, que nos interpela, impulsiona-nos a buscar o sentido da vida e da existência. Jesus, o Filho de Deus, o Emanuel, que vem até nós como luz e salvação, tira-nos de nossas trevas e nos leva à luz. "Nada fica oculto a seu divino olhar" amoroso. Sua proximidade nos liberta da solidão e do isolamento. Ele vem para a comunicação e para a relação. Entra na humanidade como homem, aberto à relação, e se faz encontro. Seu corpo se faz lugar de encontro, com nome e sobrenome. Ele nos aponta um caminho até Deus.

Chega nossa vez, também nós nos fizemos humano, fomos crescendo; pouco a pouco, a fé foi nos habitando, e, mesmo sem saber muito sobre ela, fomos saboreando a presença de forma cada vez mais íntima. Por isso a experiência de fé de uma pessoa que é catequista pede maturidade, não apenas conhecimento intelectual, mesmo que seja sobre Jesus. Ele quer ser conhecido desde dentro, desde o interior, experimentado, amado e seguido. Nossa alegria está justamente em, uma vez tendo encontrado o Senhor, sermos seus seguidores alegres e comprometidos. Tudo começa com um encontro.

Papa Francisco nos diz que "a Alegria do Evangelho enche o coração e a vida inteira daqueles que se encontram com Jesus" (*Evangelii Gaudium 1*). Por isso a alegria também deve ser grande em proclamar esse Cristo, cujo anúncio brota de um olhar, de uma presença, de uma amizade.

O autêntico catequista é um místico em construção. Ou seja, é uma pessoa que está à procura de Deus, de Jesus, de encontrá-lo. E, encontrando-o, experimenta-o, fica com ele e o anuncia.

A espiritualidade é algo que vai se construindo, passo a passo, à medida que vamos aprendendo a encontrar Jesus em todas as coisas. E, assim, vamos percebendo que todas as coisas existem em Deus.

Sabemos que, de fato, não é fácil testemunhá-lo no mundo atual, especialmente quando não o conhecemos face a face, quando nunca gastamos alguns minutos com ele, em intimidade, quando não demoramos nele, e ele em nós.

Por isso a experiência da fé deve passar, especialmente, pela interioridade. Esse será o grande desafio nosso, no mundo atual, tão complexo.

Qual o melhor meio de testemunhar Jesus, quando vivemos em um mundo tão diversificado e, ao mesmo tempo, manipulador da experiência religiosa.

O caminho para a liberdade é o mesmo que forma para a maturidade. Essa maturidade encontraremos no caminho de volta para Jesus. Ou seja, mesmo que tenhamos desvirtuado nossos sentimentos e nossa história, em busca da felicidade fora de nós mesmos, precisaremos voltar a Jesus, para encontrá-lo dentro, em nós, na fonte interior.

Se queremos comunicar nossa fé à outra pessoa, perguntamos: de onde ela está vindo? Qual a fonte dela? Livros? O silêncio, a oração, a amizade com Jesus? Isto é espiritualidade: deixar-se mover desde dentro.

"O anúncio nasce do encontro com o Senhor; toda a atividade cristã, especialmente a missão, começa a partir dali. Não se aprende na universidade. Começa com o encontro com o Senhor. Portanto, só quem estiver com Ele poderá anunciar o Evangelho de Jesus."[1]

Certa vez, um autor português, Antônio Lobo Antunes, respondendo a uma pergunta de uma jornalista sobre sua relação com Deus, afirmou que crê, sim, em Deus. A jornalista então peguntou como se relacionava com Ele, ao que respondeu: "ele fala baixinho, a meu ouvido, eu te amo como você é". Uma bela metáfora para dizer que escuta Deus falando em sua vida mesmo, que está perto, dentro, íntimo, amigo, que o escuta desde sua interioridade e seu silêncio. Este é muito mais que não falar, é relação.

Esse encontro nos faz tomar consciência de que algo nos tocou profundamente e que já não somos mais

[1] Catequese do Papa Francisco no dia 15 de fevereiro de 2023, em Roma.

capazes de viver sem esse contato íntimo, ao qual chamamos oração, seja meditativa ou contemplativa.

A oração meditativa passa pela mente, pela imaginação e pela consideração; quando meditamos alguma palavra, algum versículo bíblico, frase de um santo ou de algum texto. Vamos meditando, vemos a palavra mais forte, observamos o que aquele tempo com aquela palavra ou texto bíblico nos causou, como nos tocou e o que deixou em nós.

A oração de contemplação vai mais além. Nós nos envolvemos, entramos na cena bíblica, deixamo-nos afetar pelo que vemos. Participamos. Nessa oração, somos atuantes, ou mesmo, simplesmente olhamos o que acontece, mas é fundamental que percebamos os efeitos daquela oração, encontro, em nós. Isso é oração. E essa oração age como uma música que embala o ritmo de nossa vida, dançando o cotidiano.

Para sentir e saborear...

Pegue o texto bíblico de Mt 9,20-22. Observe o que Jesus fazia, o que Ele dizia, quem estava com Ele naquele momento.
Observe também a forma como a mulher chegou perto de Jesus. Imagine sua dor e situação. É Jesus sua esperança. Contemple esse encontro em que o mestre quis ver quem o tocou. Quis ver os olhos, a face, saber a identidade e a essência de quem o tocou. Considere que uma coisa é saber algo sobre Jesus, e outra é tocar sua veste, outra ainda é deixar-se olhar por Ele. Procure ver o sentimento que invade você nesse momento da oração. O que ficou dessa experiência para sua vida?

1.2. O caminho da oração

O silêncio é o melhor livro que podemos ler e a melhor escola de formação para o cristão no mundo.

Se não somos capazes de vinte minutos de silêncio, quando encontramos com Deus e conosco, para onde iremos nós? Enquanto Igreja, sabemos silenciar e experimentar a presença do Senhor? É no silêncio que escutamos a presença do Espírito nos dizendo que Deus conta conosco, como fez com Maria. Mas, sem silêncio, poderemos sentir e experimentar sua dócil e discreta presença? O caminho espiritual, que buscamos, passa pelo silêncio que nem sempre fazemos. Não estaríamos fugindo de nós mesmos, com medo das perguntas que temos de dar conta de responder?

O silêncio orante nos proporciona a maior e melhor catequese, aquela que devemos dar a nós mesmos quando nos colocamos perto de Jesus. Ele é o grande catequista de sua Igreja e de seu povo. Com Ele, aprendemos a verdadeira oração, no silêncio. A oração cristã não é um silêncio vazio, mas um silêncio que gera a escuta. Jesus fala, e nós o escutamos. Disso nasce nossa verdadeira experiência de aprendizado a seus pés, escutando o que Ele tem para nos dizer, como em Lc 10,38-42, quando disse que Maria escolheu a melhor parte: ficar com Ele.

Não há outro lugar melhor que possa mais nos constituir como seguidores de Jesus que ficar com Ele, escutar o que nos diz e conversar sobre nossa vida com ele. A seus pés, aprendemos a compaixão e a misericórdia, que é desde baixo que devemos aprender a viver a nossa fé, abaixando-nos para lavar os pés de nossos irmãos.

Quando nos permitimos essa possibilidade de encontro e amizade com Cristo, percebemos, nessa intimidade, que Ele já habita em nós e está em nosso íntimo. Percebemos o quanto Ele está em nós, e nós estamos nele. A isso chamamos amizade, intimidade e pertença. Sem esse contato e diálogo com ele, como iremos dar razões e sustento a nossa fé? A melhor pessoa capaz de ser catequista é aquela capaz de escutar primeiro, antes de falar e ensinar; de escutar Cristo, Palavra viva, que desceu do céu.

Jesus convidou seus discípulos à montanha. Ficaram no alto, conversaram, oraram, silenciaram e, depois de mais intimidade, Ele revelou sua verdade, não sem espanto de seus amigos (Mt 17,1-9). A intimidade gera estupor, especialmente quando descobrimos algo a mais, quando nos deixamos surpreender pela grandiosidade de Deus, que vai se dando.

Depois desse encontro, foi impossível vê-los como antes. O olhar era novo, tudo parecia novo. O que aqueles amigos transmitiram após esse encontro de amigos? De subida? É necessário subir, para descer. Se queremos anunciar, devemos subir, experimentar o novo, o brilho, a luz, que afasta as sombras e as trevas.

A abertura a uma nova relação com Cristo nos põe no caminho dos grandes homens da Igreja de Cristo. É a força do que experimentamos que nos sustenta sempre, sem medo. Pode ser que ainda não tenhamos descoberto a importância da espiritualidade, do silêncio e do diálogo com Jesus. Por isso a hora é agora: diminuir o ritmo e permitir que brote de dentro esse novo olhar para com nossa própria fé.

"Deixar-se surpreender por Deus e viver a alegria[2]" é o que nos orienta o papa Francisco. Este, por sua vez, é um homem de silêncio e oração, de intimidade, catequista de si mesmo, de sua interioridade. Logo, sentimos que é o Espírito o grande catequista, cuja força e presença faz arder em nós, pela presença e Palavra, a força de Cristo. Ele aprendeu de Cristo, aprendeu a ir ao mais profundo, em direção ao que o habita em segredo. É lá que o Pai habita (Mt 6,5-6).

Deus, em seu amor de Pai, surpreende-nos sempre, dá-nos a alegria e nos sustenta desde a eternidade, no cotidiano, quando nossa vida está aberta para Deus.

Para sentir e saborear...

O texto será Lc 10,38-42. Marta e Maria, amigas de Jesus, acolhem o Senhor em sua casa. Observe que assim também fazemos: nós o acolhemos, somos seus amigos. Mas será que damos a atenção substancial a Ele? Jesus, entrando em nossa casa, será escutado? Sua palavra tem papel fundamental em nosso dia? Coloque-se diante de Jesus, a seus pés, como Marta, e deixe ressoar sua voz. Acolha, saboreie e deixe ressoar; escute a voz de Jesus, sinta a mão dele segurar a sua. Sua presença é real, a Palavra que se fez carne fala a seu coração; escute "o que ele diz" (Mc 9,7). Repita em seu coração: "Eu escolhi ficar contigo Jesus". Converse com Ele, fale como está sua vida e seu cotidiano. Deixe ressoar sua palavra, guarde o sentimento, os apelos.

---

[2] Homilia do papa Francisco no Brasil: https://www.arquidiocesedefortaleza.org.br/primeira-homilia-do-papa-francisco-no-brasil-conservar-a-esperanca-deixar-se-surpreender-por-deus-e-viver-a-alegria/

1.3. A crise das coisas de Deus

Quando, como catequistas, perguntamo-nos por nossa espiritualidade, não estaríamos buscando já enfrentar a crise e criar em nós esta volta a Cristo, colocá-lo como centro, assim como fizeram os santos e Maria, os apóstolos e os discípulos?

Chegou a hora de cada um de nós enfrentarmos também a crise que a sociedade enfrenta. Os catequistas são aqueles que, em primeiro lugar, oferecem formação à comunidade cristã. Afetando os jovens e as crianças, afetam seus pais, suas famílias. Um grande fenômeno na atualidade é a volta dos adultos à catequese. Há vários movimentos nas paróquias apontando para o valor da formação, da reciclagem, dos estudos. Porém é suficiente? Eu digo que não.

Para enfrentarmos essa crise social, que afeta também a religião, quando se tenta tirar a presença do sagrado, de Deus, de nosso cotidiano, convida então cada cristão a focar sua vida nesse encontro com Jesus.

A sociedade atual está alicerçada no consumismo e no lucro, levando a todos a um estilo de vida embasado no consumir para ser feliz. Sem saber, convida-nos a termos muito mais foco e fé, para que não nos percamos desorientados.

A vida espiritual será fundamental para dar um norte, uma direção a tudo aquilo que necessitamos fortalecer, e criar a identidade necessária para que nossa vocação não seja apenas um repetidor de temas, normas ou doutrina.

Bento XVI, quando Papa, em sua Encíclica *Deus Caritas Est*, disse: "Ao início do ser cristão, não há uma decisão ética ou uma grande ideia, mas o encontro com um acontecimento, com uma Pessoa que dá à vida um novo horizonte e, desta forma, o rumo decisivo" (*Deus Caritas Est* 1).

Assim funciona em nossa vida pessoal também. Precisamos encontrar forças internas para irmos na direção desse encontro com uma Pessoa, Jesus, pois, somente assim, teremos como enfrentar dificuldades, medos, sofrimentos, quando baterem a nossa porta.

Não adianta termos lido a Bíblia de frente para trás e de trás para frente, se não conhecermos Jesus profundamente, se não nos sentirmos seus seguidores e se não pesar sobre nós seu mandado: "Ide e anunciai". Este nasce da intimidade. Toda amizade é um convite a uma entrega, não há amizade sem entrega e confiança. A amizade com Jesus implica entrega e disposição para testemunhar que somos seus amigos. Essa é uma relação cheia de amor. Quando amamos alguém, as palavras tomam sabor e pesos diferentes. Por exemplo: dizer um até amanhã para quem se ama é uma eternidade. Esse amanhã parece não chegar. O desejo de reencontrar o amor de nossa vida faz parecer um dia ser uma eternidade. A amizade com Jesus, desde nosso batismo, carrega um mistério que vai sendo desvelado, revelado, descoberto passo a passo, na medida em que vamos compreendendo mais Jesus e toda a ação amorosa de Deus. Nem sempre saberemos dar nomes aos sentimentos, dizer o que há, de fato, nessa relação com Cristo. Mas sabemos que há algo interior, que nos sustenta e nos mantém no caminho do Senhor, sem medo e sem temor. É uma relação, assim como no amor e na relação humana dos apaixonados: uma relação cheia de silêncios também. Nem tudo o que sentimos por quem amamos precisa ser dito com palavras. O silêncio fala. Essa é uma relação mistagógica, ou seja, guiada por um mistério maior do que nós, que nos abarca, anima e sustenta, embora nem sempre sabemos tudo e não temos o controle de tudo. Somos conduzidos à oração como encontro com este Deus amigo, que se revela a todo instante e em todas as coisas. Esse encontro e essa amizade com Cristo não acontecerão sem crises.

Jesus também enfrentou suas próprias crises e gerou algumas na religião de seu tempo. O que fez a diferença foi sua experiência de Deus: "Eu e o Pai somos um" (Jo 10,22-30). A amizade e intimidade de Jesus com seu Pai foi o norte de sua vida. Ele foi, paulatinamente, descobrindo e sentindo que não estava sozinho, que não vivia sozinho, que havia alguém que o superava e sustentava, dando-lhe vida e vigor. Jesus foi crescendo e sentindo que existia e se movia no Pai. Definitivamente, ele não estava isolado e sozinho, nem mesmo em sua Paixão e Cruz. Sua crise foi vivida e enfrentada com a certeza de que o Pai não o abandonaria: "Meu Deus, por que me abandonaste?" (Mt 27,46) é seguida de "Pai, em tuas mãos eu entrego o meu espírito" (Lc 23,46). A crise de Jesus na cruz termina na confiança e no abandono total no colo de Deus.

Depois da crise da cruz, também conhecemos a crise da ausência e da falta. Os discípulos no caminho de volta a Emaús compartilhavam a decepção, a dor da crise pessoal e comunitária, mas não percebiam ainda que não estavam sozinhos. "Jesus aproximou-se e caminhava com eles" (Lc 24,15), mas, como estavam imersos na crise, na sombra da morte, no desânimo e mergulhados no escândalo de verem que o Senhor morreu, não reconheceram que aquele peregrino, companheiro de caminhada, era Cristo (Lc 24,16). A rota do desencanto transformou-se no caminho da esperança! Perceberam que algo estranho, que não tinham como explicar ainda, acontecera e disseram que experimentaram o coração arder quando o peregrino lhes falou sobre as Escrituras (Lc 24,32). Diante dos olhos que se abriram à mesa, perceberam os discípulos que o Ressuscitado os havia interceptado. Uma coisa foi trilhar o caminho sustentados pelo desencanto, outra foi fazer o caminho sustentado pelo fogo que ardia dentro de cada coração.

Em oração, ao redor da mesa, Jesus abriu os olhos de cada um e, ao mesmo tempo, revelou que o caminho era voltar a sua paixão, morte e aprender a lidar com sua presença Ressuscitada. Ele foi o catequista daqueles discípulos. Guiou-os pelo amor, no amor, ensinando-os como enfrentar a morte, a cruz e a ressurreição.

Toda crise deve ser enfrentada trilhando o caminho do amor e da ressurreição.

A crise dos discípulos de Emaús é a nossa crise. Quantas vezes caminhamos desalentados pelo caminho da amargura e da tristeza, do fracasso e da frustração?

A crise apontou para aquelas pessoas, em pleno caminhar, que a resposta para todas as crises está muito perto de nós, mas que nem sempre somos capazes de acolhê-la e de entendê-la, ou mesmo, enxergá-la.

Percebamos aqui como Jesus foi mistagogo. Fez um processo, pacientemente, explicando as Escrituras, levando cada um deles a olhar o caminho da fé, recuperar a esperança, sem violência, sem rancor e sem agradessividade, dentro da Palavra de Deus. Eles foram guiados pela Palavra até a mesa da Eucaristia, quando perceberam que haviam sido visitados pelo Senhor.

Assim acontece conosco. Ao recebermos a Palavra de Deus, ela nos sustenta, discretamente. Ele está no meio de nós, sem alvoroço e vai nos guiando pelo coração. A oração com a Palavra de Deus nos encaminha a uma catequese espiritual, a um caminho que nos leva a Deus, que nos salva, conduz a nossa vida e nos garante um horizonte novo, tirando todas as sombras da morte de nossa vida e de nossos olhos. Ela vai chegando, pouco a pouco, e vai alargando nossa interioridade, produzindo em nós seus efeitos.

O que Jesus fez foi uma catequese, levando todos a rezar a própria fé que professavam, não sem crises. Assim deve acontecer conosco: a palavra anunciada deve ser uma catequese renovadora, capaz de aquecer e dar sentido à vida de cada pessoa batizada.

Para sentir e saborear...

O centro do anúncio da mensagem cristã já me habita? Aquece meu coração? Tenho sentado a sua mesa para participar de sua bênção e da partilha do pão? (Lc 24,30). Na presença de Jesus, o Catequista do Pai, a verdade veio à tona, os olhos dos discípulos se abriram. Era o Ressuscitado, o Messias.

Nossos olhos já se abriram? Ele já nos conquistou em profundidade?
A catequese cristã nasce desse encontro. Sem ele, há apenas transmissão de conteúdo, e não de fé.
Experimentemos a presença de Jesus em nossa vida, alentando, recuperando a esperança, a fé e a caridade. Sinta sua presença, tanto no caminho, nas horas difíceis da vida, de alegria e dor, assim como no momento da mesa. Ele está conosco e parte o pão para nós. Relembremos quando, na Eucaristia, rezamos:
Pai misericordioso e Deus fiel, vós nos destes vosso Filho Jesus Cristo, nosso Senhor e Redentor. Ele sempre se mostrou cheio de misericórdia pelos pequenos e pobres, pelos doentes e pecadores, colocando-se ao lado dos perseguidos e marginalizados. Com a vida e a palavra, anunciou ao mundo que sois Pai e cuidais de todos como filhos e filhas (Oração Eucarística VI–D).

1.4. A identidade cristã

O convite fundamental para a vida de fé é manter o olhar fixo em Jesus e tê-lo como centralidade de tudo. Aparentemente parece simples e fácil, porém manter a atenção de nossa existência em Jesus não é óbvio.

O papa Francisco, grande catequista da humanidade, com seus gestos e suas palavras, faz-nos um convite claro e fundamental: "Convido todo cristão, em qualquer lugar e situação que se encontre, a renovar hoje mesmo seu encontro pessoal com Jesus Cristo ou, pelo menos, a tomar a decisão de se deixar encontrar por Ele, de o procurar dia a dia sem cessar" (*Evangelii Gaudium* 3).

O convite é, sim, atual. Ver o Cristo, o Messias, o Ungido de Deus em Jesus, o pobre de Nazaré não é fácil.

Não sei se hoje, depois de mais de dois mil anos, temos, de fato, condições de entender esse acontecimento. Mas o certo é que, em nossa oração, seja pessoal ou comunitária, enfrentamos um desafio: conhecer Jesus profundamente.

A amizade com Jesus, a proximidade com ele irá formatando, em nós, nossa identidade. Se antes nós o "conhecíamos de ouvir falar", é imprescindível um encontro para que passemos a vê-lo, nas coisas, nas pessoas, no interior de cada um e na realidade.

Todo anúncio do evangelho é uma experiência de encarnação da presença de Cristo em nós, hoje, agora, cada vez que escutamos e acolhemos a Palavra.

Nossa identidade é gestada no ventre de Maria, quando Jesus é gestado.

Quando Jesus nasceu em carne humana, aproximou-se de nós e de nossa história. Jesus, crescendo e vivendo no meio de seu povo, sua família, seus amigos, foi sendo forjado também seu coração e seus sentidos, a partir de cada encontro, olhar, toque, silêncio, oração, convivência com os seus. Seu maior catequista, enquanto esteve entre nós, foi seu povo: os pobres, os amigos. Ele viu o sofrimento de seu povo; acompanhou tudo de perto. Viu muito sofrimento e muita dor!

Jesus acompanhou a vida de fé de sua gente, testemunhou sua religião, seus cultos, suas oferendas, seus sacrifícios, suas infidelidades e, consequentemente, seu esquecimento. Todos esses olhares foram forjando Jesus, alimentando sua oração e fortalecendo sua iluminação, para testemunhar o que Deus queria que ele fizesse, vivesse e revelar seu modo de amar.

Em cada encontro com Jesus, desde os evangelhos, vamos também nós sendo gestados como seus seguidores, discípulos e missionários.

São os sentimentos de Cristo, em cada encontro e gesto, que irão continuar nos tornando capazes de seguir em seu caminho, fazendo o que ele fez e como fez. Por isso todo evangelho anunciado deve ser banhado de Jesus e de seus sentimentos. Será que estamos convencidos do amor pelo qual assomos amados?

A dispersão atual nos pede para consumir e produzir. Mediante isso, haverá sucesso e fama. As tentações de Jesus continuam ativas, atuais. Enquanto ele queria mais profundidade, o tentador o queria mais disperso, vivendo ilusões.

A profundidade, que cria em nós identidade, é um caminho seguro que nos leva a acolher nossa vida e história. É, em nosso chão e nossa realidade, que Jesus escreve e marca sua vida em nossa vida.

Não há como viver um caminho de mundanidades e querer viver de Cristo ao mesmo tempo. A "mundanidade espiritual", alertada pelo papa Francisco, é um perigo que nos leva a equívocos.

Entretanto o que vemos nos dias atuais, com o avanço da inteligência artificial, é que sempre será mais fácil nos enganarmos com o que nos aparece diante dos olhos.

A maturidade espiritual, ao contrário, colocar-nos-á em alerta e não nos permitirá cair em equívocos que mais nos desfiguram, que criam identidades em nós.

Brotará dentro de nós a segurança para enfrentar tudo o que há de tentações ao poder, à fama, à gloria vã, como aconteceu com Jesus.

Nossa identidade vem de Cristo, nosso irmão, aquele que se fez salvação. Não há espaço para enganos. O caminho seguro é fortalecer a identidade. Não para competir, mas para viver em paz consigo e com os irmãos. Quem sabe quem é não tem medo do diferente e do diverso. A insegurança nos leva à rigidez, a uma vivência cristã esvaziada de experiência e fica mais voltada para o supérfluo, não gera identidade profunda, somente epidérmica. Uma identidade cristã que não suportaria uma crise. Pelo contrário, a crise ou as crises antigas e atuais são igualmente caminhos de conversão e de mudança.

A Igreja nasce de uma crise, de uma noite escura; nunca poderemos esquecer disso. Como nos lembra o padre Francesco Cosentino: "Não há nenhuma noite que seja infinita, nenhuma fragilidade que possa impedir de escalar o céu, nenhum fracasso que possa apagar a beleza que somos, nehuma hora escura que possa resistir à força terna e irresistível do amanhecer"[3].

Na busca de encontrar e fortalecer a prória identidade, o caminho será de mais proximidade com Deus, conversar com Ele como quem fala a um amigo[4]. Não é raro encontrar testemunhos de santos que experimentaram a crise de fé, no entanto não abriram mão de quem eles eram. O que os sustentaram nesse período de escuridão, senão a fé mesmo em Deus?

---

[3] Francesco Cosentino. *Quando finisce la notte. Credere dopo la Crisi*, EDB, Bolonha, 2021, p. 14.

[4] Inácio de Loyola. *Exercícios Espirituais*, n. 54.

Vejamos alguns testemunhos:

Santa Teresinha de Lisieux escreveu: "Não sinto o gozo da fé, mas me esforço por praticar as obras da fé". Padre Quevedinho, sj, afirmava que essa questão acontece pelo fato de que a dúvida e a crise fazem parte de quem está no caminho. Nada está terminado.

Madre Teresa de Calcutá viveu uma longa noite escura e afirmava que "nunca experimentara a consolação espiritual". Como poderia viver assim tantos anos, fazendo tanto bem? Padre Quevedinho afirma que: "Só quem tem uma fé vigorosa pode experimentar uma crise tão forte e duradoura. Quem diz ter "perdido a fé?"[5]

São Oscar Romero, vivendo em meio a uma grande crise social, eclesial e humanitária, viu muitos conhecidos morrerem, serem assassinados; catequistas, padres, religiosas, leigas e leigos perderam sua vida pelo simples fato de a identidade deles, profunda, não permitir, diante do medo e da insegurança, desistir de testemunhar. Nesse ambiente, ele mesmo foi aprofundando seu chamado e sua vocação, caminhou em direção à defesa da vida de seu povo e afirmou que não tinha medo da morte. Sendo assim, transformou-se em um grande arauto e profeta em defesa dos pobres, da Igreja e do Evangelho, dizendo inclusive que perdoaria a seus assassinos, se ele viesse a ser assassinado.

Como se previa, foi assassinado em plena missa, enquanto estava no altar, quando um tiro o acertou e seifou sua vida, que continua sendo até hoje modelo e

---

[5] Comentários tirados da entrevista do P. Quevedinho.sj, para o portal IHU, nom dia 3 de setembro de 2007. https://www.ihuonline.unisinos.br/artigo/1286-luiz-gonzalez-quevedo

motivação na construção da identidade de milhares de jovens e adultos pelo mundo afora: "como pastor, sou obrigado, por mandato divino, a dar a vida por aqueles que amo, que são todos os salvadorenhos, até mesmo por aqueles que vão me assassinar... Você pode dizer, se chegarem a me matar, que perdoo e abençoo àqueles que o fizeram"[6]. Em outro momento, São Oscar Romero afirmou: "escolho viver aqui, porque é aqui que devo concluir meu apostolado. Se me matarem, já perdoei a todos... é aqui que devo morrer porque devo ressuscitar junto com meu povo"[7]. Não faltou oportunidade de fuga e de amenizar sua profecia, para se ajustar aos poderosos e, até mesmo, poder sobreviver. Que vida levaria diante da morte e da violência sofrida pelos paramilitares naquele país? Restou a Romero ir em direção ao mesmo fim de Jesus, amar até o fim, ousadamente, e ir contra tudo e contra todos.

A crise não pode ser apenas uma oportunidade para a desistência de um projeto. Ao contrário, deve ser uma oportunidade para vislumbrarmos mais vida, mais condições de mudanças e de reiterar aquilo que experimentamos e somos. Estamos falando de identidade. Sendo assim, vemos que o altar é lugar de quem tem e teve identidade. Mas o mundo atual nos interpela de outro modo e pergunta por nossa identidade. Os elementos de uma crise atual são outros, muitas vezes, são dissimulados, silenciosos e não nos confrontam diretamente. Alguns

---

[6] Fragmentos de uma da entrevista de São Romero, tirados do livro "A ousadia de Amar até o fim", Pe. Laércio, sj. Edições Loyola, 2019, p. 43.

[7] Fragmentos de uma das entrevistas de São Romero, tirada do livro "A ousadia de Amar até o fim", Pe. Laércio, sj. Edições Loyola, 2019, p. 47.

se passam por amigos nossos e "estão vinte e quatro horas conosco". A virtualidade, quando não bem utilizada, fragiliza a identidade e gera zumbis, pessoas desorientadas, sem profundidade humana ou espiritual, violentas e incapazes de empatia.

O mundo atual, disperso e informatizado, cria em nós a ilusão de que a felicidade nos chegará pelo tempo que gastamos diante do celular e do computador. As aparências enganam. O mundo virtualizado aparenta ser cheio de felicidade e vantagens, mas, ao mesmo tempo, dispersa-nos e fragiliza. A ansiedade e a velocidade nos tornam pessoas mais intensas e menos profundas. A dificuldade de se concentrar, de silenciar e de colocar a atenção em algo que não seja virtual, atualmente, já afeta muitas pessoas.

Lembro-me, em uma paróquia onde trabalhei, de os adolescentes e os jovens criarem resistências a irem, aos domingos com seus pais, visitar os avós no interior, pelo fato de a internet lá ser lenta ou mesmo por não haver internet. Passar um dia inteiro sem acessar as mídias sociais gerava crises de ansiedade em alguns. O mesmo acontecia com algumas pessoas na missa. Não é difícil vermos adultos, no momento da homilia e após a comunhão, enquanto os ministros e os padres estão ainda distribuindo a Eucaristia, conferindo o celular, para visualizarem notícias e mensagens. Não aprenderam a orar, a guardar o silêncio, a saborear a presença. A ansiedade é grande e está provocando doenças e desfocando muitas pessoas. Sentimos necessidade de uma constante conexão, como se fôssemos autores da vida e tivéssemos o controle de tudo. Essa sensação a internet nos faz sentir. Por isso é importante fazer um exercício de desapego e de desacelerar. Por exemplo: buscarmos uma passividade corajosa, ousada e profética ao construirmos caminhos novos que desbloqueem os sentimentos e a necessidade de contante conexão, para uma passividade de deixar que a vida aconteça sem nossa interação virtual. Em meio a tudo isso, buscamos ser pessoas felizes, investindo em mais viagens, mais maquiagens, mais cirurgias e mais exposição midiática. Tal caminho é contrário ao que os pesquisadores e especialistas em comportamento orientam. Outro dia, encontrei em um jornal de alcance nacional, impresso, uma entrevista com o professor Luis Gallardo, que falava sobre a felicidade:

> Existe fórmula para a felicidade? Existe e já foi descoberta. Mas muita gente não conhece. Há muitas formas de alcançar um estado de calma, paz, esperança, perdão, compaixão. Elas ajudam a gerir nossos pensamentos e nossas emoções, integrando espírito, postura, intenção. São fórmulas e possuem muitos ingredientes, como comer bem, dormir, rodear-se de pessoas positivas, não se ater ao passado, respirar, contemplar, meditar, estar na natureza...[8]

O professor vai completar dando dicas interessantes como: gostar de si, ser amável consigo mesmo, ser compassivo e decidir-se pelo autocuidado. Ele aponta exercícios como respirar melhor, para equilibrar o oxigênio no corpo, o que nos proporcionará uma maior qualidade de vida.

---

[8] Entrevista no Jornal O Globo, com o Sociólogo Luis Gallardo "Felicidade é uma técnica, e é preciso praticá-la", no dia 19/6/23, p. 23.

Pelo que vemos, pouco a pouco, a sociedade, que incensava a pressa e a eficácia, a busca do sucesso veloz e de ter controle de todas as coisas, assim como, viver todas as experiências ao mesmo tempo, "como se não houvesse o amanhã", está descobrindo que esse caminho é o do fracasso, da doença e da depressão.

Respirar bem já nos ajuda na felicidade. Porém por qual motivo corremos tanto e respiramos tão mal? Isso não tem relação com religião, mas com a sensatez.

Até na oração, na relação com Jesus, queremos ter o controle de tudo e queremos tudo rápido no tempo do wi-fi. A relação com Jesus pode ser também "inútil". Ou seja, estamos acostumados a colocar utilidade ou interesse em tudo e, assim, queremos manipular para que todas as coisas venham a nós, de nosso jeito, tornando nossa oração pesada e sempre com algo a cobrar e a esperar.

Redescobrir o caminho da oração, como encontro consigo mesmo e com Deus, com o desejo de estar com Ele, de se deixar tocar por Ele, já seria muito curativo e muito transformador. É muito comum a falta de percepção desse encontro consigo como lugar de encontro com Deus.

> De fato me observo, descubro que os meus pensamentos vagueiam de um lado para outro; descubro estar em alguma parte com os meus pensamentos, mas de não estar consciente de mim mesmo. Não tenho contato comigo mesmo; os pensamentos me arrancam de mim mesmo e me conduzem para outro lugar[9].

---

[9] Anselm Grün. *A oração como Encontro*, Vozes, 2012, p. 29.

Além do mais, nossa oração é sempre "útil", utilitarista, interesseira e comprometida com a busca de nosso bem-querer e bem-estar, quando não está empenhada em dar aquilo que a sociedade não é capaz de prover, como trabalho, saúde, segurança, educação, moradia, e quando as igrejas se transformam em zona de descarrego da frustração que não sabemos administrar e nomear.

A oração é um caminho de confiança, abandono e esperança. Nem sempre é de resultados positivos e de pressa. Também na oração precisamos lidar com a frustração, especialmente nos tempos atuais, quando a fé, a religião e a espiritualidade estão muito voltadas para resolver problemas (utilitaristas).

O fundamental é sentir que não estamos sozinhos, mas que Ele caminha conosco, que nos encontrou e que queremos ficar com ele.

Quando descobrimos o valor da relação e da presença, muito mais do que o resultado, ou do que vamos ganhar com isso, recuperamos a alegria central da fé, de estar na presença de Jesus. Isso se dá de uma forma mais discreta e profunda, mais do que com cantos animados, palmas etc. A alegria e a segurança vêm da sensação interna de que não estamos sozinhos: "Ele está no meio de nós". A presença do Senhor, embora discreta, é cuidado e amor por cada um. Ele veio para que tenhamos vida em abundância (Jo 1,10). Nada menos que isso podemos aceitar. Abundância, Ele nos prometeu. Ele já está cumprindo. Basta ficar com Ele.

Para sentir e saborear...

Contemplemos o jeito de Jesus e suas relações.
Guardando um pouco de silêncio, coloque em sua oração seu olhar em Jesus. Procure olhar e sentir os lugares onde ele esteve, as pessoas com quem ele conversava.
Olhe para ele e contemple seu encontro com os pobres e sofredores, leprosos e coxos. Contemple Jesus dando vida a quem a havia perdido.
Perceba cada detalhe: o cheiro, o olhar dele, como ele se abaixava e cuidava de cada pessoa. Dentro dele havia compaixão.
Peça a graça de conhecê-lo e amá-lo. Medite sobre a forma como orava a seu Pai e como confiava nele. Sinta que quanto mais você fica com o Amado, mais ele se faz presença e identidade dentro de você.

2

COM JESUS, IR ÀS PERIFERIAS

2.1. Acompanhar Jesus pelas vilas e cidades

Somos convidados a fazer o caminho com Jesus. O convite é para que observemos os detalhes, o que vemos pela frente: o cheiro, as vestes, a natureza, as casas, o que o cansa, o que come, o que fala. O desafio é acompanhá-lo, sem a preocupação de entender tudo. Apenas estar com Ele. Se formos testemunhas daquilo que Ele fez em nós, poderemos narrar, contar, partilhar e transmitir com convicção e com veracidade. Isso será mais do que passar conteúdo. Essa atitude é dar sangue, cor, vida ao anúncio do Evangelho, pois Ele mesmo se encarnou, tomou carne, envolveu-se com o humano e com a humanidade, fez-se homem, viveu e sofreu, morreu, sangrou, chorou, orou, silenciou, morreu e ressuscitou.

Assim dessa experiência de amizade com Jesus, vamos construindo nosso itinerário como peregrino, ao lado dele. Tudo depende do olhar. Santo Inácio de Loyola, depois de ter várias crises de identidade e em busca de saber como viver e o que fazer da vida, viveu uma profunda experiência “à beira do rio Cardoner” na cidade de Manresa, na Espanha. Foi muito interessante. Ele, à beira do rio, experienciou uma iluminação profunda: começou a entender como Deus se revelava e se dava nas coisas, em sua vida e no universo. Foi uma experiência de ver o mundo com os olhos de Cristo, a partir de Cristo. Ele percebeu como todas as coisas vinham do alto, como desciam de Deus e, ao mesmo tempo, como todas as coisas voltavam para Ele. Essa consciência ajudou-o a entender o ritmo e a forma como Deus o amava, o motivo pelo qual o havia criado e agora o tinha chamado. Tal experiência interior revelou o “estupor”, ou seja, como Deus funciona, trabalha, cuida e ama, discretamente agindo em todas as coisas criadas; como as coisas vem de Deus e voltam para ele, como é seu amor, que nos sustenta. Ou seja, é ver com mais clareza como todas as coisas estão e brotam das mãos amorosa de nosso Deus Criador. A consolação invadiu seu coração e seus sentidos. Tudo foi tomando seu devido lugar. Um peso muito grande saiu da vida de Inácio, alcançando uma leveza própria de quem conhece Deus e tem amizade com Ele. As coisas do Pai são assim: acompanham a paz e a alegria interior (consolação): “É próprio unicamente de Deus Nosso Senhor dar consolação à alma, sem causa precedente, porque é próprio do Criador entrar, sair, causar nela moções, atraindo-a toda para o amor de sua Divina Majestade” (*Exercícios Espirituais* 330).

O que é a consolação espiritual?

É a atração de Deus para suas coisas, para as coisas do alto. É a ação de Deus na alma humana, quando Ele nos dá sua paz. "A consolação é causada por Deus, pelo bom espírito... Deus e seus anjos consolam de verdade. O mal espírito consola falsamente. Porém ninguém pode dar consolação a si mesmo; é puro dom gratuito de Deus e o mal espírito pode simulá-la"[10].

Sabendo mais um pouco sobre a consolação, devemos, assim, ficar atentos, pois há uma armadilha do mal espírito, que pode nos confundir, oferecendo prazeres aparentes. Esses passam, são artificiais e não nos orientam às coisas de Deus. Dando emoções artificiais, paz enganosa, ilusões, o mal espírito pode simular a consolação no desejo de nos "arrastar à sua perversa intenção e malícia" (*Exercícios Espirituais* 331).

O conhecimento profundo do Senhor nos conduz às coisas do alto, impulsiona-nos à vontade divina; enquanto a distância de Jesus pode nos conduzir às coisas de baixo e às perversidades próprias de uma vida iludida e afetada pelo mal e por suas consequências. Sendo assim, Inácio foi dando passos na vida interior, no silêncio e colhendo os frutos de sua busca.

Depois de sua experiência iluminativa à beira do rio Cardoner, sua oração tomou outra dimensão. Ele tirou o foco de si mesmo, parou de olhar somente para si, preso em suas ideias fixas, percebeu o quanto o Reino e o projeto de amor de Deus o superavam, bem como que ele estava perdendo tempo, olhando demasiadamente para si mesmo, mergulhado em uma vida de rígidas penitências, sem um horizonte de misericórdia, sem conseguir enxergar que

---

[10] *Diccionario de Espiritualidad Ignaciana*, p. 412.

sua vida estava dentro de um projeto maior. Aquele pobre homem sofreu muito, no desejo de agradar a Deus, com sua própria força. Quase que era como conquistar a Deus, querendo provar do que era capaz. Muita rigidez levava apenas a muita tristeza. Faltavam alegria e leveza em sua vida. Ele não era capaz de ler sua história pessoal como um chamado ao discipulado, mas apenas como uma atividade pessoal em busca de uma santidade como forma de purificação, sem se perguntar pela vontade de Deus e pela força do Reino. Isso acontece quando achamos que nós e nossos problemas são o centro do mundo. Os olhos de Inácio estavam voltados para seus pecados e para o medo, a culpa, o julgamento do "juiz". A desolação se apoderava dele: a tristeza e o desânimo.

O que é a desolação espiritual?

Para Santo Inácio, a desolação não é algo como apenas estar triste ou "mesmo a ausência de consolação"[11]. É algo mais profundo, que vai mesmo contra o que significa a consolação em si, "luta e conflito, de agir contra, de opôr-se frontalmente à consolação"[12]. A desolação é uma ação profunda do mal espírito, que nos coloca em direção contrária ao projeto de Deus. Enquanto a consolação nos eleva para as coisas de Deus, a desolação faz o contrário, tira-nos todo ânimo, desejo, toda a vontade de seguir no caminho do Senhor. Por isso não é apenas a ausência da consolação.

---

[11] *Diccionario de Espiritualidad Ignaciana*, p. 576.

[12] *Diccionario de Espiritualidad Ignaciana*, p. 576.

Certamente, nós conhecemos alguém que se dedicava muito às coisas de Deus e que, logo após um momento difícil, ou não, a pessoa se afastou de tudo, não sabendo dar uma explicação. Sentiu-se triste, desanimada, sem alegria para as coisas do Senhor. Afastou-se, deixou a comunidade ou a pastoral e foi viver longe de tudo. Há casos em que é possível reverter. A pessoa volta e percebe que foi uma armadilha do mal espírito. Porém há outros casos que não têm volta. Por isso é fundamental manter a relação com Cristo nos tempos difíceis e nos tempos de alegria, consolação, pois as dificuldades virão, e o Senhor continuará com sua mão estendida, embora nem sempre a enxerguemos, em meio a tantas mãos que aparecem, umas para nos ajudar, outras para nos fazer perder.

Outras vezes estamos em um tempo espiritual tranquilo, sem movimentos intensos de consolação e atração pelas coisas do alto, ou mesmo sem desânimo ou aversão às coisas de Deus. Apenas estamos sem movimentos. Vamos vivendo da graça de Deus, que nos acompanha e nos sustenta, tranquilamente. É Deus mesmo quem nos faz retornar a sua paz. Ele conduz nossa alma a si. Precisaremos muito da paz interior para superar toda a dor e todas as provações. Uma música antiga, que cantávamos nos anos noventa, dizia: "A paz que tanto quis, estava no silêncio que nunca fiz"[13].

Muitas vezes, na história de Inácio, vemos essas confusões em sua alma. Ele, em alguns momentos da vida, especialmente em Manresa, mergulhou no rigor espiritual,

[13] Fragmento da Música "A paz que eu sempre quis" – CD da Banda Vida Reluz, 1995.

que o levou a não cortar os cabelos, a deixar as unhas crescerem, a ficar sem tomar banho; isso se tornou algo repugnante. Tudo para fugir de si e de um encontro profundo que o libertaria. Nesse momento de sua vida, vemos que estava triste e sem compreender ainda como Deus agia em sua alma. Ele pensava que tudo dependia de seu próprio esforço para alcançar a Deus. Queria controlar o amor e a atenção de Deus, nosso Senhor.

Mas Inácio despertou desse sono. Experimentou a paz que tanto desejava, ao contemplar a presença de Deus em sua vida toda. Naquele período mesmo, ele caiu em conta de que precisava anunciar a todos aquilo que experimentou, "começaram a se abrir os olhos da mente"[14] (uma experiência direta de Deus em sua vida), "todas as coisas apareciam como novas"[15]. Carimbou seu passaporte de peregrino, de homem para os demais, quando percebeu, abrindo sua vida a Deus, que seu chamado estava mergulhado dentro de um projeto de amor, que era maior que ele: a bondade e a misericórdia de Deus, que o encontravam e salvavam, não por seu mérito ou esforço próprio.

Ficou tudo muito claro! Ele começou a compreender tudo de modo diferente, a ponto de assegurar que "nunca havia aprendido tanto como daquela vez"[16]. Inácio entrou em outra fase de sua vida, voltada para a graça da presença e do olhar amoroso de Deus.

Sua vida tomou outro ritmo, mas para isso foi necessário muito silencio, desejo de alcançar as coisas de

---

[14] Santo Inácio. *Autobiografia*, n. 30.

[15] Santo Inácio. *Autobiografia*, n. 30.

[16] Santo Inácio. *Autobiografia*, n. 30.

Deus, que o surpreendeu, antecipou-se e o tocou no mais íntimo, de uma forma inesquecível e inefável. Jesus tornou-se, assim, o centro de sua vida.

O germe do peregrino já estava em Inácio. Agora era ir ao mundo, anunciar e comunicar aquilo que havia conhecido. Um novo olhar, uma nova ótica, uma visão nova. O mundo já não era mais o de sempre, e sua história, com pecados, erros e acertos, não era mais empecilho para viver a fé e colocar em prática um compromisso com o Evangelho. Assim foi com Inácio, desde o mundo que ele conheceu mais a fundo, tudo o que se movia desde dentro. Estamos falando de moções interiores, do que sentimos lá no íntimo, que vai revelando nossa verdade e, ao mesmo tempo, vai nos possibilitando conhecer o que está fora de nós e nos impulsionando a caminhos novos, ousados e proféticos, especialmente quando saímos do centro e colocamos o anúncio do Evangelho como foco da vida.

Certa vez, abri o celular e havia uma mensagem de uma religiosa missionária, dizendo: "Hoje, abrimos uma pequena presença na imensa região de Brasilândia, periferia de São Paulo. Reze por nós". Essa mensagem me impactou de modo incrível. O anúncio da missão não pode ser diferente. Nada pode impedir que o Reino aconteça. Onde há simplicidade e liberdade, alegria e ousadia, aí se esconde a profecia atual, na discrição da vida consagrada e da entrega de homens e mulheres corajosos que doam tudo para seguir Jesus, na alegria. Essa atitude corajosa das religiosas foi fruto de um discernimento e escuta das próprias moções interiores. Sem esse movimento interno, desorientamo-nos e fazemos o caminho contrário; fechamo-nos e nos destruímos. O caminho de Deus é diferente.

O que são moções interiores e qual sua importância?

"Moções são inspirações interiores que Deus coloca na alma..."[17], como vemos, é uma forma de linguagem de Deus. É comunicação em nós. Significa um modo de sentirmos Deus apontando para uma direção. Isso é discernimento, buscar e encontrar sua vontade, a partir de sua voz, que fala dentro, sem misturas e sem manipulações de alguma ordem. As moções vão ser de importância fundamental neste caminho da busca da vontade divina.

Maria é exemplo de abertura a Deus e modelo a ser seguido: podemos utilizar o texto da encarnação de Jesus para ver como essas moções aconteceram em Maria. O texto diz que primeiro ela ficou confusa: "Ela ficou muito confusa com estas palavras e começou a pensar qual seria o significado da saudação". Em seguida, ainda confusa, perguntou ao anjo, depois de ele explicar que ela seria a mãe de Jesus: "Maria, então, perguntou ao anjo: como se fará isso, já que eu não convivo com um homem?" (Lc 1,29). Ela escutou a voz do anjo, sabia que algo grandioso estava acontecendo, mas não alcançava dominar e compreender tudo. Como a vontade de Deus se faria? O sentimento interno era de surpresa, confusão e dúvida. Diante daquele diálogo espiritual, como em uma oração, o anjo revelou a vontade de Deus. Quando

[17] *Diccionario de espiritualidad Ignaciana*, Mensajero-Sal Terrae. 2007, p. 1265.

as moções interiores em Maria a faziam compreender que tudo aquilo era vontade de Deus e não ação humana, ela respondeu: "Eis aqui a serva do Senhor! Faça-se em mim segundo a tua palavra" (Lc 1,37). A moção não nos garante entender tudo, ver tudo com clareza; quando sentimos e vemos que aquilo que se move em nós é vontade de Deus, a confirmação virá justamente pela paz interior, que é gerada. Afirmava Santo Inácio de Loyola, nos *Exercícios Espirituais*: "É próprio de Deus e de seus anjos, em suas moções, dar verdadeira alegria e gozo espiritual, tirando toda a tristeza e perturbação..." (*Exercícios Espirituais* 329). Quando a perturbação e a confusão dentro de Maria saíram, ela encontrou a paz, a tranquilidade, que só podem vir de Deus e de seus anjos. A paz interior que o mundo não pode oferecer é puro dom de Deus. Vemos aqui o modo como Ele mesmo se faz presente e se comunica, pois é o príncipe da paz. O criador não pode nos dar medo e tristeza, mas nos encher de sua paz. Esta, vinda de Deus, está presente no texto bíblico quando ainda Maria canta o magnificat: "A minha alma engradece o Senhor, e o meu espírito se alegra em Deus, meu Salvador, porque ele olhou para a humildade de sua serva" (Lc 1,47).

Tudo isso acontece dentro, internamente. Primeiro ela sente no íntimo, depois comunica. Como acontece em uma direção espiritual: você reza, silencia, identifica a moção, o sentimento, anota e compartilha com alguém que faz o papel de acompanhante espiritual. Compartilhar o movimento interno, a moção, assim como o resultado dela, seja a confusão, o medo ou a paz e a alegria, ajuda muito a discernir a origem e para onde nos leva aquilo que rezamos e sentimos. A presença do Espírito de Deus é assim: traz o melhor de nós e nos dá a paz.

Quando olhamos para Jesus, vemos a gradiosidade de sua presença no mundo, levando luz e clareza para todos. Ele se aproximou de cada situação para ser libertação das trevas e revelar o novo que já habitava na pessoa implicada. Jesus via sempre o bem, o maior e o melhor de cada ser humano. Extraía a verdadeira realidade das pessoas, para que não ficassem presas a esquemas antigos e pesados. Então dirigia-se ao coração do humano para levá-lo à salvação. Revelava o rosto amoroso do Pai e tudo o que tinha recebido dele. Assim, mostrava sua proximidade com o Deus da vida: "não acreditais que eu estou no Pai e que o Pai está em mim?" (Jo 14,6-14). "Eu desci do céu, não para fazer minha vontade, mas a vontade daquele que me enviou" (Jo 6,35-40).

A força que saía dele era arrebatadora, encantava, espantava e escandalizava. As pessoas queriam tocar na orla de seu manto para serem curadas.

Como compreender isso? Apenas como algo mágico? Milagroso? Diferenciado? O que isso diz para minha vida de fé? Que notícia me traz esses elementos para o anúncio de Jesus? O risco é anunciarmos um Jesus estranho, caricatural, sem vida, sem sangue, sem impacto na vida das pessoas. Assim como aconteceu com Inácio de Loyola, poderá acontecer conosco, mas será preciso entrar no caminho do peregrino, pôr os pés e o coração na estrada, arriscar. Se não entrarmos no caminho do Senhor, não sentiremos sua força, seu amor e sequer nos lançaremos pelas vilas e cidades levando o evangelho a todas as pessoas. Não sentiremos a força arrebatadora de sua Palavra.

Lembremos aqui o inesquecível encontro de Jesus com a viúva de Naim em Lc 7,11-17. A única esperança daquela pobre mulher era seu filho. Ela era viúva e pobre. Uma mulher sem o marido e, dessa vez, sem filho, relegada à pobreza extrema. Jesus sentiu compaixão, solidarizou-se com sua dor, viu suas lágrimas e interviu, sendo sua consolação e esperança. Assim é Deus. Ele entra em nossa vida para nos dar sustento, devolver a força e nos dar um horizonte.

Quando Jesus estava em casa e a multidão soube de sua presença em Cafarnaum, levaram até ele um paralítico, mas pela porta não se poderia entrar, por causa da multidão. Desceram o pobre homem pelo teto. Seus amigos criaram um meio para que chegasse a Jesus. Ele foi curado, atendido e viu algo novo em sua vida. Conosco não é diferente. Precisamos encontrar caminhos novos. Nada pode permitir que cheguemos até Jesus.

No cotidiano, Ele se aproxima de nossas dores e, por vezes, até chora conosco nossas mortes. Quando Lázaro morreu foi assim. Eles eram amigos, e a amizade tem o poder de ressuscitar. Somente o amor é capaz de tirar da morte nossa vida e história. A morte e ressurreição de Lázaro prefiguram o processo por que passaremos, assim como aconteceu com Jesus na cruz e ressurreição. Deus, o amor, tira-nos da morte e nos devolve a vida. Mas não esqueçamos: só a força do amor dá a vida. A morte não tem vida para oferecer. A força da palavra de Jesus tira Lázaro do túmulo, mesmo estando enfaixado e cheirando mal. A Palavra de Deus será necessária também no mundo, para nos arrancar da desesperança, do desânimo e da morte dos sentidos. Estamos nos tornando uma sociedade incapaz de empatia, caridade, fraternidade e paz. Preferimos entrar no caminho do desamor, da morte, da violência e do isolamento. A Palavra continua tendo seu papel fundamental na vida e na sociedade. Porém, na atualidade, ela está em risco, pois é manipulada e, muitas vezes, vira arma, instrumento de morte e de separação, quando esquecemos que somos todos irmãos. Papa Francisco vai nos dizer sobre os tempos atuais que são as novas formas de colonização cultural. Não nos esqueçamos de que:

> Os povos que alienam sua tradição e – por mania imitativa, violência imposta, imperdoável negligência ou apatia – toleram que se lhes roube a alma perdem, juntamente com a própria fisionomia espiritual, a sua consistência moral e, por fim, a independência ideológica, econômica e política. Uma maneira eficaz de dissolver a consciência histórica, o pensamento crítico, o empenho pela justiça e os percursos de integração é esvaziar de sentido ou manipular as "grandes" palavras. Que significado têm hoje palavras como democracia, liberdade, justiça, unidade? Foram manipuladas e desfiguradas para utilizá-las como instrumento de domínio, como títulos vazios de conteúdo que podem servir para justificar qualquer ação (*Fratelli Tutti*, n. 14).

Para sentir e saborear...

Observemos as ruas e cidades de nosso país. Vejamos como necessitam da presença de Jesus e de sua Palavra. Imagine a chegada de Jesus diante do túmulo de Lázaro, sinta o mesmo sentimento de Cristo. Perceba as lágrimas de Jesus, perceba o quanto o amor é capaz de fazer o outro viver. Veja, contemple o grito de Jesus dizendo: "Lázaro, sai para fora!" Esse grito diz muito daquilo que Jesus traz dentro: a vida eterna.

Imagine, contemple Lázaro saindo do túmulo, sinta que a morte não tem mais poder. Saboreie essa passagem bíblica, veja os detalhes.

De que forma Jesus o impacta hoje? A sociedade, que parece meio cheirando mal por tanta violência e tantas guerras, espera pela voz de Cristo?

Qual o sentimento que fica no interior ao ver Jesus agindo: consolação ou desolação? Tem escutado a voz de Cristo lhe chamando à vida?

2.2. Aprender a sentir

Toda a vida espiritual passa pelo sentir. Aqui habita o segredo de uma vida espiritual madura e profunda nos dias atuais. Tudo passa pelos sentidos. Por esse motivo, o convite neste livro, como temos visto, é a renovação do "desejo de" – desejar, buscar, encontrar, mergulhar neste profundo, pouco falado e pouco nomeado.

Os sentidos corporais são os olhos de nosso mundo espiritual, a ponte entre o que existe fora de nós, fazendo conexão com nosso mundo interior. "Não é o muito saber que sacia e satisfaz a alma, mas sentir e saborear internamente, todas as coisas[18]." Esta máxima, na boca de Inácio de Loyola, ajudou muitas pessoas, e ajuda até hoje, a encontrar o caminho do equilíbrio e da ordenação da própria vida em direção a encontrar a vontade de Deus. Enfatizando a dimensão do sentir e não do acumular conhecimento, Inácio revela que o caminho espiritual é trilhado por outra estrada. É sentindo, saboreando, pouco a pouco, que iremos nos configurando com Cristo.

Nesse caminho interior e exterior, a atenção joga um papel importante. Manter os olhos, os sentidos fixos em Jesus de Nazaré é atender a seu chamado: "Vinde e vede" (Jo 1,39). É colocar os pés no chão concreto da vida de Cristo, colocar os ouvidos a seu serviço para escutar o clamor de seu povo, que está como ovelha sem pastor, por isso Jesus sentiu compaixão deles (Mt 9,36). Nesse caminho de estar com o Senhor, somos convidados a tocar as feridas concretas da vida de quem padece, chegar perto (porque a compaixão nos move), tratar as feridas, colocar o óleo da fraternidade e da caridade, cuidar e devolver a dignidade. Essa é a verdadeira religião. Em Lc 10,25-37, ensina-nos Jesus, mostrando como é fácil praticar uma religião sem que os sentidos se envolvam. Basta passarmos longe da realidade. Já nos diz o ditado popular: "o que os olhos nao veem o coração nao sente". Comos seres humanos abertos, capazes do transcendente, religiosos, quando decidimos passar longe de nosso irmão caído pelo caminho e nos dirigimos à oração, sem percebermos que ela tem relação com o tocar a carne

---

18 Inácio de Loyola. *Exercícios Espirituais*, n. 2.

de Cristo, pobre e humilhado, tomamos o caminho da vida vazia e da religião sociológica, que só serve para os números das estatísticas. A verdadeira religião não se pode numerar ou mensurar senão olhando desde baixo, dos sentidos, da relação com os caídos neste mundo, quando nos trasformamos no próximo de nosso irmão, colocando em prática a lei primeira de Deus: "Ame a teu próximo como a ti mesmo" (Lv 19,18). Jesus atualiza esse mandamento nos convidando ao amor "amai-vos uns aos outros, como eu vos amei" (Jo 13,34).

Jesus convida ainda mais nossos sentidos a serem evangelizados quando diz, escandalizando a muitas pessoas, até os dias atuais, que era ele o nu, faminto, preso, doente e marginalizado da história; era a ele que estávamos ajudando e cuidando, quando gastamos um pouco de nosso tempo para dar a atenção a quem estendia a mão para nós e gritava de fome e sede como vemos em Mt 25,31-46: "Pois eu estava com fome e me destes de comer; eu estava com sede e me destes de beber; eu era estrangeiro e me recebestes em casa; eu estava nu e me vestistes; eu estava doente e cuidastes de mim; eu estava na prisão e fostes me visitar". Ainda hoje, muita gente religiosa continua a perguntar: "Senhor, quando foi que te vimos com fome e te demos de comer? Com sede e te demos de beber? Quando foi que te vimos como estrangeiro e te recebemos em casa e sem roupa e te vestimos? Quando foi que te vimos doente ou preso e fomos te visitar?"

A resposta de Jesus é dura, porém muito clara e reveladora: "Todas as vezes que fizestes isso a um dos menores de meus irmãos, foi a mim que o fizestes!"

Esse modo de revelar sua presença no mundo é um modo de converter nossos sentidos e nossa razão àquilo que Jesus fez primeiro: viver uma fé encarnada na vida dos irmãos. Isso é comungar da vida do povo, é ser eucaristia, gastar e partilhar a vida, sem reservas. Esse evangelho de Mt 25,31-46 deveria ser a antífona de toda a oração cristã em qualquer momento de catequese, retiro e liturgia. Nosso sentido apenas se converterá quando nosso coração se aproximar dos caídos do mundo. A caridade não pode ser um exercício mental. Não basta saber que há pobres feridos nas estradas e calçadas. É fundamental sentir que é Cristo mesmo quem está crucificado à beira de nosso caminho – é preciso "sentir e saborear", tocar, assumir, acolher a paixão de Cristo no mundo atual. "Dai-nos olhos para ver as necessidades e os sofrimentos de nossos irmãos; inspirai-nos palavras e ações para confortar os desanimados e oprimidos; fazei que, a exemplo de Cristo e seguindo seu mandamento, nos empenhemos lealmente no serviço a eles. Vossa Igreja seja testemunha viva da verdade e da liberdade, da justiça e da paz, para que toda a humanidade se abra à esperança de um mundo novo" (Oração Eucarística VI–D) e a resposta da assembleia é: "Ajudai-nos a criar um mundo novo".

Essa oração é um convite a sentirmos e tocarmos a vida de quem sofre, a darmos testemunho da fé que professamos, construindo um mundo novo.

Definitivamente, não haverá esse mundo, se não convertermos nosso sentir, invadido e colonizado pela força externa da busca de ser aquilo que não somos. Perdemos a intuição mais bela e trasformadora do cristianismo, que é cuidar, revelando a face de Deus. Transformamos a religião em lugar de corroborar com nossa falta de altruísmo, colocando o culto, a oração sem vida, as palavras repetidas sem sentir e saborear, sem praticá-las em primeiro lugar, assim como na passagem do bom samaritano. O mundo novo que queremos construir passa pelo desejo e por aquilo que rezamos. Por isso, já imaginou se no Brasil pudéssemos medir a qualidade de vida pela quantidade de pessoas que vão às igrejas no período de uma semana?

Enquanto os sentidos não forem convertidos, nossa oração continuará a ser um escândalo: "O fariseu colocou-se à frente dos outros para orar e agradeceu a Deus ser melhor do que as outras pessoas. Disse que jejuava duas vezes por semana e pagava o dízimo. O publicano ficou de pé onde estava, abaixou a cabeça e orou, dizendo: 'Ó Deus, tem misericórdia de mim, pecador!'" (Lc 18,11-13). Uma oração esteticamente perfeita, porém, quando esvaziada de contemplação, sentido e caridade, gera mais escândalo e distanciamento da Igreja que "engajamento religioso".

> Entre os problemas que afligem a vossa solicitude pastoral está, sem dúvida, a questão dos católicos que abandonam a vida eclesial. Parece claro que a causa principal, dentre outras, desse problema possa ser atribuída à falta de uma evangelização em que Cristo e a sua Igreja estejam no centro de toda explanação. As pessoas mais vulneráveis ao proselitismo agressivo das seitas – que é motivo de justa preocupação – e incapazes de resistir às investidas do agnosticismo, do relativismo e do laicismo são geralmente os batizados não suficientemente evangelizados, facilmente

influenciáveis porque possuem uma fé fragilizada e, por vezes, confusa, vacilante e ingênua, embora conservem uma religiosidade inata[19].

Bento XVI convida a Igreja a ir aos que se afastaram e trazê-los para que se aproximem de Jesus, vendo a "Igreja como um lugar privilegiado de encontro com Deus e mediante um itinerário catequético permanente":

> É necessário, portanto, encaminhar a atividade apostólica como uma verdadeira missão dentro do rebanho que constitui a Igreja católica no Brasil, promovendo uma evangelização metódica e capilar em vista de uma adesão pessoal e comunitária a Cristo. *Trata-se efetivamente de não poupar esforços na busca dos católicos afastados e daqueles que pouco ou nada conhecem sobre Jesus Cristo*, por meio de uma pastoral da acolhida que os ajude a sentir a Igreja como lugar privilegiado do encontro com Deus e mediante um itinerário catequético permanente[20].

Segue o papa Bento XVI, alertando para um compromisso social que ajuda a fazer da Igreja aquela que colabora para a construção de um mundo novo:

> Não é nenhuma novidade a constatação de que vosso país convive com um déficit histórico de desenvolvimento social, cujos traços extremos são o imenso contingente de brasileiros vivendo em situação de indigência e uma desigualdade na distribuição da renda que atinge patamares muito elevados. A vós, veneráveis Irmãos, como hierarquia

---

[19] Discurso do Papa Bento XVI no Brasil – Catedral da Sé, São Paulo Sexta-feira, 11 de maio de 2007. https://www.vatican.va/content/benedict-xvi/pt/speeches/2007/may/documents/hf_ben-xvi_spe_20070511_bishops-brazil.html

[20] *Idem.*

> do povo de Deus, compete-vos promover a busca de soluções novas e cheias de espírito cristão. Uma visão da economia e dos problemas sociais, a partir da perspectiva da doutrina social da Igreja, leva a considerar as coisas sempre do ponto de vista da dignidade do homem, que transcende o simples jogo dos fatores econômicos. Deve-se, por isso, trabalhar incansavelmente para a formação dos políticos, dos brasileiros que têm algum poder decisório, grande ou pequeno e, em geral, de todos os membros da sociedade, de modo que assumam plenamente as próprias responsabilidades e saibam dar um rosto humano e solidário à economia.

De verdade estamos diante de um convite a um novo sentir. Não basta dizer-se católico ou ir à missa dominicalmente, é preciso "sentir e saborear" Cristo mesmo na vida, no cotidiano, a partir da ótica do Evangelho.

Obviamente, estamos tomando um caminho diferente daquele de considerar uma religião de multidões. Estamos falando e considerando um pequeno grupo, capaz e disposto a seguir Jesus e seu modo de viver o Evangelho; talvez estejamos falando de uma "minoria criativa"[21], "Jesus já observou, de forma bastante realista, que o caminho que Ele oferece é estreito e íngreme e que apenas poucos podem segui-lo"[22]. A oração cristã não pode ser uma coisa separada da vida, sem testemunho, em que a oração vira palavras soltas ao vento da secularização.

---

[21] Referência ao discurso do Cardeal Ratzinger na biblioteca do Senado Italiano em 13/05/2004. Citado no livro de Tomas Halik, "Não sem Esperança". Vozes: 2018, p. 44.

[22] Tomas Halik. "Não sem Esperança", Petrópolis, Vozes, 2018, p. 44.

Para sentir e saborear...

Tomemos o texto bíblico de Jo 13,1-15.

Esse acontecimento nos convida a uma sensibilidade nova: olhar o mundo e a realidade desde quem vive para servir.

– Percebamos os gestos de Jesus, que, em nada, são de poder ou de superioridade.

– Ele faz aquilo que era reservado aos pobres e escravos, escandalizando a todos.

– Toca o corpo, os pés, que, marcados por tantos lugares, terrenos diversos, calçados rudes, pouco conforto, nos conduzem mundo afora, que suportam o peso do corpo, precisa de afago, cuidado e delicadeza.

– Observemos o clima ao redor da mesa, quando o mestre os confude de forma deliberada. Ele mesmo decide lavar os pés, ser aquele que serve, para revelar que o dinheiro e o poder não podem ter a última palavra.

– Contemplemos aquela cena, as vestes, o barulho dos vasos, a água sendo jogada nos pés e o silêncio dos apóstolos.

– Certamente, naquele momento, passava, em vários corações ali presentes, o quanto lhes faltavam delicadeza e gestos de humildade.

– O que significa olhar o mundo desde baixo, desde o lugar de quem serve?

2.3. Liturgia como unidade com Cristo

A oração durante a eucaristia, em grande parte, está voltada ao Pai e Senhor, por tanto amor e tanta bondade por nós. Seu Filho Jesus se fez oferta de amor e sacrifício. Hoje, durante a missa, rezamos e tomamos consciência, em oração, ao redor da mesa da palavra e da mesa da eucaristia, do quanto nós estamos implicados, nesse momento, e unidos a Deus mesmo, que nos envia seu Espírito sobre nós. Encontramos dois momentos muito profundos e densos na eucaristia celebrada:

1. Oração pedindo ao Espírito Santo que transforme o pão e o vinho em corpo de Cristo:

> Oração Eucarística I: "Dignai-vos, ó Pai, aceitar, abençoar e santificar estas oferendas; recebei-as como sacrifício espiritual perfeito, a fim de **que se tornem para nós o Corpo e † o Sangue de vosso amado Filho, nosso Senhor Jesus Cristo**. T.: Enviai o vosso Espírito Santo!"
> Oração Eucarística II: "Na verdade, ó Pai, vós sois Santo, fonte de toda santidade. Santificai, pois, estes dons, **derramando sobre eles o vosso Espírito, a fim de que se tornem para nós o Corpo e † o Sangue de nosso Senhor Jesus Cristo.** T.: Enviai o vosso Espírito Santo!"
> Oração Eucarística III: "Por isso, ó Pai, nós vos suplicamos: **santificai pelo Espírito Santo as oferendas que vos apresentamos para serem consagradas a fim de que se tornem o Corpo e † o Sangue de vosso Filho, nosso Senhor Jesus Cristo**, que nos mandou celebrar estes mistérios. T.: Enviai o vosso Espírito Santo!"

Vimos aqui como age o Senhor, alimentando-nos na unidade. A Igreja orante suplica ao Espírito Santo a transformação do pão e do vinho em corpo e sangue de Cristo. Nossa oração testifica a generosa ação de Deus. A ação litúrgica é nossa, do povo, da Igreja, mas a generosa ação do Espírito é do Pai.

2. Oração pedindo que nós sejamos transformados no corpo de Cristo:

Vimos que, participando da eucaristia, experimentamos a ação amorosa e gratuita do Espírito de Deus sobre nós, sobre a Igreja orante.

Deus mesmo decide nos transformar no corpo de Cristo, no corpo novo, unido e eterno. Temos a grata oportunidade de sermos transformados em Cristo, um só corpo e um só espírito, sem separação, sem divisão e sem temor. Quanto oramos e nos reconhecemos uma assembleia única, toda a Igreja espalhada pelo mundo.

> Oração Eucarística I: "Suplicantes, vos pedimos, ó Deus onipotente, que esta nossa oferenda seja levada à vossa presença, no altar do céu, pelas mãos do vosso santo Anjo, para que todos nós, **participando deste altar pela comunhão do santíssimo Corpo e Sangue do vosso Filho, sejamos repletos de todas as graças e bênçãos do céu.** T.: O Espírito nos una num só corpo!"
>
> Oração Eucarística II: "Suplicantes, vos pedimos que, **participando do Corpo e Sangue de Cristo, sejamos reunidos pelo Espírito Santo num só corpo.** T.: O Espírito nos una num só corpo!"
>
> Oração Eucarística III: "... concedei que, alimentando-nos com o Corpo e o Sangue do vosso Filho, **repletos do Espírito Santo, nos tornemos em Cristo um só corpo e um só espírito.** T.: O Espírito nos una num só corpo!"

O texto eucarístico nos revela que nossa vida é oração. Assim, a vida passa a ser eucaristia, dom, partilha, entrega e solidariedade.

É a unidade com Cristo a meta, o desejo e o objetivo da vida cristã eucarística. Permanecer nele, ficar nele, estar nele é, de fato, nossa expectativa e nossa esperança maior.

Pouco a pouco, essa união com Cristo vai nos configurando e nos transformando em discípulos, seguidores, por amor a Ele. Essa unidade, quando oramos, deve ser real na vida.

A liturgia, especialmente a eucaristia, é uma grande ação de graças a Deus pela generosidade de nos enviar seu Filho para nossa salvação. Nasce aí a importância de que a catequese e a Palavra sejam propulsoras desse anúncio da unidade com Cristo, com nossos corpos e o Corpo de Cristo.

Quando nos reunimos em comunidade de batizados, nós o fazemos para que nos reconheçamos uns nos outros como membros do mesmo corpo, no mesmo Espírito. Desse modo, a oração está para a unidade. Não é possível imaginar uma fé sem unidade com Cristo. As palavras e os gestos sagrados, todos eles, falam de Deus. Para uma catequese viva e com sentido, é preciso saber rezar aquilo que se anuncia. Mais ainda: é preciso anunciar a partir da experiência que rezamos.

Chegamos, assim, diante de um grande desafio: se ao rezar nos tornamos um com Cristo e nos transformamos em seu corpo santo, agora devemos anunciar com a vida o que somos ou quem nos tornamos. A vida de fé passa pela exigência de afetar a vida no cotidiano, ética, moral e socialmente. Não dá para sermos corpo do mundo e corpo de Cristo. Somos Corpo de Cristo no mundo. "O Mistério pascal deve manifestar-se tanto no âmbito de cada celebração como no âmbito do desenvolvimento da vida litúrgica, ao longo do ano e da vida do cristão. Compreende-se por que, na Igreja antiga, os sacramentos eram chamados de 'mistérios': eles são sempre memória e presença do Mistério do Cristo"[23]. Nossa vida passa a ser também mistério de Cristo, sacramento de Cristo. Vamos revelando, no mundo, nossa identidade, que é Cristo mesmo. Comungamos para sermos transformados nele: Possamos, ó Deus onipotente, saciar-nos do pão celeste e inebriar-nos do vinho sagrado, para que sejamos transformados naquele que agora recebemos. Por Cristo nosso Senhor" (oração da pós-comunhão na missa do XXVII domingo do tempo comum).

Longe de ser um encontro esotérico e/ou um momento de consolo para nossas dores, a Eucaristia, celebrada na vida da Igreja, é um gesto profético, que aponta para a transformação do mundo. O verdadeiro anúncio da fé é a própria vida centrada em Cristo. Mas, se não conhecermos em profundo o que celebramos, podemos correr o risco de passar a vida inteira desorientados, mesmo participando de algo tão grandioso que deve orientar a vida, o plano apostólico, a catequese, a vida, o planejamento pastoral e projeto de vida de qualquer pessoa, paróquia, movimento ou pastoral.

Para sentir e saborear...

– Sussurremos as palavras muitas vezes repetidas na Eucaristia: Ele está no meio de nós!
– Como é sua presença no meio de nós? O que isso significa? Meditemos.
Como acontece a presença de Cristo na Liturgia?
– Quais são suas presenças?

[23] Juan A. Ruiz de Gopegui. *Eukharistia, Verdade e caminho*, Edições Loyola, 2008, p. 35.

Para considerar as presenças de Cristo na liturgia[24] – Ele está no meio de nós –, papa Paulo VI dizia que, na Eucaristia, Cristo se destaca porque é substancial; por ela está presente o Cristo completo, Deus e homem, presente sob as espécies eucarísticas. Ele está sempre presente em sua Igreja e, especialmente, nas ações litúrgicas.

Está presente no sacrifício da Missa na pessoa do ministro, que agora se oferece, pelo ministério sacerdotal, como "outrora, ofereceu-se na cruz". Ele está presente por sua virtude nos sacramentos, de tal modo que, quando alguém batiza, é o próprio Cristo quem batiza. Em sua palavra, pois é ele quem fala quando na Igreja se leem as Sagradas Escrituras. Por fim, está presente quando a Igreja ora e salmodia.

A Liturgia é considerada como exercício da função sacerdotal de Cristo; nela seu corpo místico, cabeça e membros, presta a Deus o culto público integral.

A santificação do homem e a glorificação de Deus são os dois movimentos ou os dois objetivos da ação litúrgica que só acontecem plenamente em função da presença de Cristo, único Mediador entre Deus e os homens. Jesus Cristo é a Cabeça de seu Corpo, que é a Igreja. Por isso não pode estar ausente quando esse Corpo se constitui e se realiza na ação que lhe é mais própria e central: celebrar a Eucaristia!

Na próxima missa, procure escutar bem as palavras ditas, rezadas, e repetir todas as que mais profundamente tocaram você. Vá percebendo como todos nós somos um corpo vivo, corpo de Cristo.

[24] Esses pontos foram tirados de um texto na página do blog, a partir do Catecismo da Igreja Católica (1066-1075) e na *Sacrosanctum Concilum* sobre a Sagrada Liturgia, refletindo sobre as presenças de Cristo na Liturgia. O texto é de Maria Cristina Centurião Padilha: https://www.arquidiocesedepelotas.org/post/2018/06/11/a-presen%C3%A7a-de-cristo-na-liturgia.

3
O NOVO OLHAR QUE BROTA DE JESUS

3.1. A vida como oração

Nossa vida deveria ser uma resposta amorosa a Deus, por tanto amor que Ele tem por nós.

Recordo, com emoção, a vida de um grande santo da Igreja de Cristo, Santo Antão, nascido em 251. Quando ainda vivia no Egito, embora católico, sentia que algo faltava em sua vida. Era um homem corajoso e de buscas profundas. Entrou no caminho do desapego e da oração íntima. Tomou distância de tudo o que o desorientava e foi viver no deserto, como lugar de silêncio e encontro com Deus. Hoje, é para a humanidade um modelo de confiança e força interior. Soube identificar seus demônios, enfrentá-los e vencê-los. O motivo de sua força? A oração. Levou a vida mergulhado na oração. Tudo o que fazia apontava para Deus. Era um buscador da vontade de Deus.

O caminho nosso, na atualidade, parece-me um pouco diferente do itinerário tomado por Antão. Vamos pouco a pouco nos distanciando e criando nossos projetos e caminhos pessoais, até mesmo sem Deus e seus planos de amor. Aos poucos, esvaziamo-nos daquilo que sempre foi sagrado para nós, colocamos em seu lugar a nós mesmos, esquecemo-nos de buscar a vontade de Deus e investimos pesado na construção de nosso próprio edifício, querendo ocupar o lugar de Deus. Nesse caminho, é a oração o primeiro elemento que desaparece. A palavra de Deus, empoeirada em nossas estantes, não nos diz mais nada, quando não se tornou amuleto contra maus-olhados.

Se queremos seguir no caminho da intimidade, que é o de Jesus e dos santos, que não jogaram com o mau espírito, mas se decidiram por Cristo e por Deus, é necessário que nossa vida seja uma oração, é preciso a consciência de que é Deus quem ora em nós (Rm 8,26-27). De nossa parte cabe acolher e responder com mais abertura à voz do Senhor. A missão mesmo nasce desse chamamento. A messe necessita de gente que pastoreie: "A messe é grande, poucos são os operários" (Mt 9,37). Importante será perceber que quem faz o chamado nos convida a que sigamos seus passos. Não somos nós anunciadores de um projeto pessoal, mas de um projeto cheio de eternidade. Em nosso cotidiano, Jesus aparece e nos chama, envia-nos e nos diz, claramente, qual é nossa missão: encher o mundo de compaixão e de misericórdia. Cada pessoa faz sua parte!

Podemos criar planos de pastoral, planejamento paroquial e planos de catequese. Podemos tomar decisões de vida muito ousadas, mas, se tudo isso não brotar de um chamado que, de fato, vem de Deus, não haverá bom término esta empreitada. Toda vocação nasce de um chamado, de uma escuta e de uma resposta. Nisto está a base para nossa missão: saber quem nos chama. Se não conhecemos Jesus, não temos como identificar a voz de quem nos chama, portanto a resposta será pífia.

Viver a vida como oração é saber-se acompanhado por Deus e por seu projeto de amor e de compaixão. Não há como ser discípulo de Jesus e sem ter, em si, seus sentimentos. Sentir compaixão não é apenas um sentimento cheio de pena, é também abraçar um projeto vivenciado pelo próprio Cristo. Não há missão sem chamado e sem resposta.

A cura dos enfermos, o expulsar todos os tipos de demônios, que afetam nossa humanidade, só terão efeito se essa missão não brotar da vaidade pessoal e não for um projeto de evangelização que simplesmente quer mostrar poder e manifestações espetaculosas.

O Reino de Deus acontece no cotidiano, discretamente e no mais profundo do coração de cada pessoa. Alguns escutam mais, e outros, menos. Ele vai acontecendo, e a profecia vai se dando na discrição de quem quer e busca responder a um chamado para construir um mundo novo. Só será capaz disso quem for capaz de escutar os gritos e os "ais" de quem sofre a pena de ser pobre, excluído, invisível para a sociedade e marginalizado. Neste, Cristo sofre e padece. Ele, que morreu na cruz, continua nos chamando nos pobres para que construamos seu Reino.

A missão vai acontecer nesse ambiente de graça. Deus é quem dá a vocação. Por isso quero me entregar a ele, respondendo sim com a vida, fruto da oração e do encontro com o Cristo mesmo. A missão deve estar repleta de gratidão e não de obrigação.

Embora a missão precise de nós, o Reino acontece independentemente de nossa pouca ousadia, mesmo que continuemos respondendo não ou pela metade ao chamado do Senhor.

Nós visibilizamos, com a vida, o chamado e a resposta. Somos um termômetro daquilo que experimentamos e praticamos, fruto de uma vida de oração.

A resposta é fruto do que sentimos no íntimo, da inquietação que nos afeta desde fora, ao ver e ouvir os gritos de nossos irmãos. Ali vamos identificando o chamado, dando a resposta e atuando para que a compaixão chegue, concretamente, à vida de quem sofre. "Este chamado marca a existência do elegido de forma determinante... seu coração estará ou deveria estar colonizado por Cristo[25]."

Quanto mais enraizados em Cristo estivermos, desde aquilo que lemos até aquilo que rezamos, que sentimos e ninguém vê, acontecerá a ação amorosa e livre de Deus, que nos chama. Nossa resposta não pode ser menos livre. Não há vocação específica para padre, freira etc., se não houver liberdade. Todo o oposto é um trabalho contrário ao Reino de Deus. O que caracteriza a vida e a vocação cristã é, justamente, a resposta livre e alegre de cada batizado, depois de experimentar a força

---

[25] *Biografia de la Luz* – Pablor d'Ors, p. 124.

do chamado, respondendo com a própria vida ao apelo de Deus. Por isso ela deve ser oração. Desse modo, o reino vai acontecer sem violência e sem imposição, com alegria e oferta de vida, como Cristo se entregou.

Outro dia escutei um senhor, já com 96 anos de idade, celebrando 60 anos de matrimônio, dizendo, com muita alegria e voz frágil, que, se fosse para casar novamente, gostaria de casar-se com a mesma esposa. Nesse momento, ela sustentava, delicadamente, sua mão e sorria, ternamente. O Reino acontece assim, quando somos capazes de responder com profundidade dizendo a Deus que o sentido de nossa vocação é a alegria do outro.

O grande bispo e profeta de nossas terras brasileiras, Dom Luciano Mendes de Almeida, que era jesuíta, sempre dizia que a felicidade era "contemplar a felicidade do outro e saber que naquela felicidade eu tenho parte. Pois eu, com minha vida, ajudei aquela pessoa a ser feliz". Completava: "mesmo que aquela pessoa não soubesse nem me conhecesse". Nossa missão e vocação é serviço alegre e discreto. Nisso o Reino acontece. E isso basta.

Para sentir e saborear...

O texto bíblico será Mt 9,36-10,8. Percebamos e contemplemos Jesus passando em cada vida, no cotidiano, chamando e convidando todos a irem com ele. Cada um responde de um modo distinto, mas todos dizem sim. Haveria Jesus convidado alguém e essa pessoa poderia ter dito não? O certo é que Judas estava nesse grupo e respondeu sim. Porém não foi capaz de chegar ao fim de sua missão, pois foi invadido pelo "vírus" de achar que seria, sozinho, capaz de mudar a história.

Imagine Jesus hoje, chegando a sua vida, onde você estiver! Sinta sua voz chamando para ir com ele! Quais seriam seus sentimentos?
Imagine as vestes de Cristo, seu olhar, como ele chega e se aproxima, como vive a liberdade. Experimente conversar com ele, tirar suas dúvidas, revelar suas inseguranças e seus temores.

3.2. A oração como encontro

Se a oração é encontro, se o encontro é o que nos sustenta, motiva, anima, como podemos diminuir o ritmo de nossa vida e, assim, encontrar Deus? Como falar com ele, em meio à multidão e a tantas demandas, ocupações?

Estamos cansados, acelerados... miramos e buscamos alcançar metas para a vida, as quais não fazem sentido. Sentimos falta daquilo que nunca experimentamos, pois nos deixamos afetar por tantas fantasias que chegam por meio das redes sociais, ao ponto de pensarmos, ilusoriamente, que nós devemos vivenciar e experimentar tudo o que as outras pessoas experimentam. Essa ilusão nos deixa frustrados e tristes, arrastando-nos para uma solidão destruidora e para uma ilusão de sempre desejarmos ser aquilo que não somos. Temos a sensação de que o tempo corre mais rápido, a vida passa e não estamos aproveitando como deveríamos. Quanto mais apressados, mais distante de nossa verdade.

Como orar em meio a tanta ilusão e tanto cansaço, em um tempo que pode ser denominado "o tempo da multitarefa", ou seja, em que fazemos várias coisas ao mesmo tempo, acreditando que é algo inerente ao ser humano? Já nos acostumamos a ver televisão, responder a mensagens no celular, enquanto conversamos com outras pessoas, ou mesmo, alimentamo-nos. Não é difícil encontrar pessoas em restaurantes e bares, comendo, bebendo, conversando e, a todo o instante, com o celular nas mãos. Nossa vida toda está no pequeno aparelho celular. E o sentimento de urgência aparece para toda e qualquer simples mensagem que chega por meio de um aplicativo. Não há mais paciência para quem envia uma mensagem, pois acredita-se não haver coisa mais importante por parte de quem a recebe do que lhe responder. Mesmo se estivermos na missa, na catequese, na sala de aula, na academia ou na rua, causando o efeito zumbi em tantas pessoas que já andam inclinadas para baixo, sem dar atenção ao que está acontecendo a seu redor, pois os olhos e a atenção estão voltados para a tela do celular na palma de suas mãos. Por causa da falta de atenção, ocorrida pela utilização do celular, é crescente o número de acidentes com motos e automóveis. A atenção virou ouro. A todo instante somos bombardeados, e as grandes empresas lucram com isso, com nossa atenção, nosso olhar e nosso tempo, que "valem ouro".

Com o surgimento das redes sociais, a busca de sentido passou do imaginário religioso para o mundo do imaginário da imagem na internet, que configura algo a ser alcançado, passa a ser meta, ou seja, "olhar para uma imagem é, rigorosamente, trabalhar para que aquela imagem adquira sentido, é fábricar significação"[26].

---

[26] Eugenio Bucci. *A Superindústria do imaginário*. Autêntica, Belo Horizonte, 2021, p. 22.

A superexposição ao mundo das imagens pode gerar uma crise também em nosso imaginário, esvaziando-o ou mesmo, deixando-o raso, sem silêncio, sem interioridade e sem profundidade. Pois a vida toda se embasa em fantasia, criada pela exposição imediatista no mundo da fantasia dos aplicativos e das redes sociais. Isso é muito sério nos dias atuais. Basta ver a superexposição que as crianças, ainda de colo, vivem no mundo das imagens, por meio da internet, considerada como "babá-eletrônica" dos bebês, mas não podemos esquecer que é o olhar que fixa os sentidos que as imagens e as logomarcas têm. "A ação de olhar, mais do que ver isso ou aquilo, é tecer um sentido para isso e aquilo[27]."

No imaginário religioso já sentimos os efeitos dessas novidades que nos afetam.

O Cristianismo é fundado no encontro "olho no olho" com aquele que é o sentido de nossa vida, o Cristo encarnado. Ele deixa de ser uma possibilidade e ideia, vindo a nós como corpo, com carne e história, pois se encarnou. Esse encontro gera perguntas e respostas, chamado e envio, mas é preciso que aconteça no cotidiano, na contemplação de sua face, de seus gestos e de sua vida como um todo.

A imagem ou ideia vazia de Jesus, sem contemplação, não nos gera identidade e amizade. Ao contrário, dispersa. O ideal é o encontro que gera silêncio, questionamento, consolação, alegria, inquietação e impulso para mudança. Por isso é fundamental, desde cedo, na Igreja, apresentarmos às crianças, aos jovens e adultos

---

[27] Eugênio Bucci. *A Superindústria do imaginário*. Autêntica, Belo Horizonte, 2021, p. 22.

uma catequese embasada no encontro com a Palavra viva, que toma corpo em Jesus.

A contemplação será fundamental para abrir as portas dos sentidos para uma relação mais amiga e íntima, tirando-nos o risco da artificialidade e de uma religião fácil, fundada no emocionalismo, sem questionamentos éticos e sociais. Contemplar Jesus será uma via que nos libertará da escuridão que vemos surgir, pouco a pouco, em alguns ambientes religiosos, tirando do fiel a capacidade de profundidade e de aprofundar sua vida a partir de Cristo, de seu modo de proceder, de suas palavras e de seus gestos.

Por meio da contemplação, poderemos encontrar Deus Pai, Jesus, Maria e os santos, em nosso cotidiano. Por ela, nosso olhar se abre para enxergar o mundo de uma maneira nova, gerando sentimentos diferentes que nos levam à salvação de nós mesmos, de nossas armadilhas, criadas pelo mundo, muitas vezes, enganadoras.

A contemplação da vida de Cristo, especialmente por meio dos Evangelhos, tornar-nos-á capazes de seguirmos seus passos redentores. E, assim, poderemos anunciar um cristianismo que fará a diferença na sociedade, quando os efeitos da vida de Cristo, em nós, serão vistos, serão nítidos e nossa vida dirá a quem servimos e quem nos enviou.

Contemplar, ficar com o Senhor, escutar o que Ele tem para nos dizer será sempre o caminho, especialmente quando tudo parecer escuro, quando a tristeza e a dúvida baterem a nossa porta. Precisaremos saber quem somos para dar a resposta certa, fruto do olhar, do silêncio e da intimidade com a pessoa e a história de Jesus. Anselm Grün, monge, escritor e homem de grande profundidade nos diz, em seus escritos sobre a espiritualidade, que "a oração se completa no silêncio, como nos diz a doutrina da oração do monaquismo. O Silenciar, neste caso, tem dois significados: de um lado está o escutar e, de outro, o tornar-se um com Deus"[28].

Conhecendo Jesus, poderemos encontrá-lo nos momentos intensos de nossa vida, assim como nos mais frugais, pois nunca saímos de sua presença amiga.

Quando falamos em oração, não podemos esquecer que nossa escola foi a vida em família. Quando iniciamos a catequese, normalmente, já temos uma ideia mínima de Deus e já sabemos rezar.

Por exemplo, a maioria de nós já sabe rezar "a oração que Jesus nos ensinou", mas, poucas vezes, para aprofundar o que ela nos comunica.

A oração de Jesus, no Pai-Nosso, é uma escola de contemplação. Ela nos oferece imagens, palavras e gestos, de onde poderemos contemplar e descobrir um Deus, que é próximo. Com esse gesto, Jesus nos ensina que o caminho é o do encontro e da partilha. Nós também temos um pai, que é o mesmo de Jesus.

Ao rezar o Pai-Nosso, contemplamos um Pai, que é pai de todos, pois ele é "nosso" – niguém fica de fora. Jesus nos aponta para uma vida dentro daquilo que ele mesmo viveu e de como ela deve ser: santificar o nome de Deus – "santificado seja o vosso nome". A vivência cristã deve nos levar à construção do Reino de Deus.

---

[28] Anselm Grün. *Oração como encontro*, Vozes, Petrópolis, 2012, p. 523.

Por isso pedimos que ele venha a nós, como puro dom do Pai. Também é preciso que, tendo consciência de que somos irmãos, juntos santifiquemos o nome dele, que é sagrado, indizível! Infelizmente, seu nome está tão banalizado atualmente, especialmente quando é utilizado para criar o reino do mundo, atrair o reino humano em detrimento do Reino de Cristo e do Pai. Vamos perdendo a capacidade de olhar tudo como dom do Pai e chegamos a acreditar que tudo é fruto do empenho pessoal.

Na oração do Pai-Nosso, Jesus nos ensina a pedir o pão nosso, pois, assim como o Pai é nosso, o pão deve ser partilhado; ensina-nos a pedir o perdão; e nos faz refletir sobre nossa capacidade de perdoar as ofensas que sofremos, conforme nos ensina que devemos vivenciar a abundância do perdão como misericórdia: perdoar "setenta vezes sete" (Mt 18,22) ou "não resistais aos maus" (Mt 5,39). Aqui Jesus nos ensina a responder o mal com o bem, para destruirmos a lógica do "dente por dente e "olho por olho", pois tal atitude gera mais maldade, violência e é um caminho de vingança. Esse caminho do perdão sem limites nos guiará também pelo caminho da fortaleza, para não cairmos na tentação do mal, que sempre nos visita, fazendo-nos pensar que somos melhores de que nossos irmãos. Como vimos, essa oração é uma estrada orante, amplia nosso interior e nos faz contemplar a relação do Pai com o Filho, desde o coração. Veremos, assim, uma relação de amor e de intimidade.

As orações comuns e cotidianas: o sinal da cruz, o Pai-Nosso, a Ave-Maria, assim como as ladainhas, novenas, os cantos, gestos e sinais religiosos expressam um modo de proceder diante do sagrado que carregamos dentro. Nem sempre tivemos a Bíblia como referência, o que nos leva a criar e alimentar uma imagem de Deus fragmentada e, às vezes, fragilizada, que não gera afeto, relação, ao contrário, fala de um Deus, muitas vezes, distante, que responderá a nossas necessidades, de acordo com a oração que fizermos ou com nossa situação de pecador. Ainda temos a questão do mérito: será que merecemos o que pedimos a Deus?

Nossa relação com os diversos modos de orar vai acrescentar, ainda mais, quando nos relacionarmos com uma paróquia ou um movimento. A paróquia, especialmente ainda vista hoje como lugar por excelência de encontro com o sagrado, sempre foi vista como ponto de partida para nossa vida de fé.

As pastorais, os movimentos, os sacramentos, a interpretação do mundo, da vida, de nós mesmos, dos outros e da Bíblia passam pelo crivo da Paróquia, do pároco e de suas estruturas. Nos dias atuais, nos últimos anos, a internet transfere essas referências para a tela do computador e do celular. Poucas vezes nos perguntamos se esse modelo paroquial e de oração em família tem um futuro longo ou se ele se sustentará. O mesmo acontece com o celular. A evangelização midiática nos levará para onde? Há futuro para o modelo paroquial atual? Espaços geográficos nos oferecem um serviço sagrado, mais para uns do que para outros, dependendo do nível de compromisso assumido. É ainda possível encontrar Deus na Paróquia ou na família? É possível encontrá-lo na internet? Com essas perguntas não questiono se Deus está ou não, mas se é possível encontrá-lo em meio a tudo o que vemos e experimentamos, muitas vezes de forma caótica. O lugar de encontro com Deus encurtou? Diminuiu? Ou se multiplicou? Como evangelizar e encontrá-lo na cidade? Para isso, é preciso se perguntar pela capacidade que temos de olhar, observar e enxergar. Papa Francisco chamaria de mudança pastoral, conversão pastoral. O modelo de serviço nas paróquias não continua demasiadamente respondendo a perguntas antigas, que não falam mais aos homens e às mulheres nos dias atuais? Como fica, então, nossa busca do encontro com Deus? Não seria possível uma conversão espiritual, uma posição diferente diante de Deus? Deus está aí. Nós o temos encontrado? A conversão a uma nova postura espiritual não seria necessária e urgente?

Observemos que eu não estou perguntando sobre Deus e sobre sua presença, mas sobre nossos olhos e sentidos, que não estão mais treinados a encontrá-lo em meio a tudo que vemos.

Os métodos utilizados pela "nova evangelização" nos levam para onde? Apresentam-nos a Deus? Facilitam o encontro? Ou apenas são meios de convencimento emocional de que é possível, pela emoção, sentir a presença do sagrado, da religião? Como essa espiritualidade atual afeta a catequese, que deve ser um encontro com a pessoa de Jesus? "Ele será grande e seu reino não terá fim." Onde está Jesus e seu Reino? Imaginou essa pergunta feita por um jovem, adulto ou uma criança?

Para uma Paróquia renovada, Igreja renovada, temos necessidade de um gesto, uma decisão profunda, de não dispersar ainda mais aquilo que em nós já está quebrado e fragmentado, que é a capacidade de sentir.

Se hoje pudesse encontrar Jesus, tê-lo diante dos olhos, que pergunta faria a Ele?

Tantas vezes na missa dizemos: "Ele está no meio de nós"... onde? O que tem a dizer sobre nosso mundo?

O que significa contemplar? O que é a oração de contemplação?

A oração contemplativa é uma forma de rezar, utilizada por Deus, através dos tempos, para nos aproximar mais de sua imensidão e de seus mistérios de amor. Nesse modo, nossos sentidos corporais são "instrumentos exteriores da afetividade (olhar, escutar, abraçar, acariciar, beijar), por isso resultam igualmente válidos para expressar o clima afetivo, intenso que o orante descobre ao relacionar-se com Deus. Contemplar significa olhar, por isso também significa amar"[29], por esse motivo "é conhecida como a oração do coração"[30].

Com esse método, vamos nos aproximando mais e mais de Jesus mesmo, cuja vida será sempre a matéria da oração. Vamos sentindo sua presença, seu olhar... Com a contemplação, veremos que essa oração afeta nossos sentidos, pois já rezaremos com eles, que estão implicados no ato de orar e contemplar, gerando em nós movimentos internos, moções, sentimentos que nos levam

[29] *Diccionario de Espiritualidad Ignaciana*, p. 444.

[30] *Diccionario de Espiritualidad Ignaciana*, p. 445.

às coisas de Deus. Eu gosto de dizer que a oração contemplativa nos ensina um olhar profundo, como Jesus olhava, livrando-nos do que é óbvio, raso e manipulável. A oração é ação direta de Deus em nós. Não podemos esquecer isso.

A verdade é que não podemos esquecer que "a primeira motivação para evangelizar é o amor que recebemos de Jesus. Aquela experiência de sermos salvos por Ele, que nos impele a amá-lo cada vez mais. Com efeito, um amor que não sentisse a necessidade de falar da pessoa amada, de apresentá-la, de torná-la conhecida, que amor seria? Se não sentimos o desejo intenso de comunicar Jesus, precisamos nos deter em oração para lhe pedir que volte a cativar-nos" (Evangelii Gaudium 264). O encontro com Jesus não pode esperar para amanhã.

Ele fala, chama, confirma e envia. Mas nós o escutamos?

A oração como encontro conduz a uma conversão espiritual profunda de nossa vida. Não vivemos mais em um ambiente totalmente cristão como quando vivíamos a fé, a tradição, sem se quer nos perguntarmos pelo sentido da fé.

A catequese, quando se torna uma repetição de afirmações teológicas, ideias e normas, basta que decoremos as fórmulas. O tempo passou. A Igreja nos convida a uma vida e relação diferente com as verdades da nossa fé.

A oração, hoje, livra-nos de um cristianismo de obrigação e nos lança, diretamente, a um cristianismo por adesão, com chamado e resposta, depois e durante um encontro com Cristo mesmo, como alertou o papa Francisco na missa, na Capela Santa Marta:

> Às vezes, esquecemos que a nossa fé é concreta: o Verbo fez-se carne, não se fez ideia: fez-se carne. Não é por acaso que "quando recitamos o Credo, dizemos coisas concretas: 'Creio em Deus Pai, que fez o céu e a terra, creio em Jesus Cristo, que nasceu, morreu...', são coisas concretas. O nosso Credo não diz: 'Creio que devo fazer isto, isso e aquilo, ou que as coisas são para isto...': não! São coisas concretas". E a "solidez da fé" leva "à franqueza, ao testemunho até ao martírio, que é contrário aos compromissos, à idealização da fé"[31].

Tendo essa consciência do que é a oração, torna-se mais fácil sair pela cidade e encontrar Cristo. Ele está no meio de nós, concretamente, em cada rosto e em cada olhar; em cada mão estendida, suplicante; na natureza e no silêncio. Ele está em todos os seres; ele habita toda a vida; ele se revela na arte, nas pessoas apaixonadas, nas alegres e nas tristes, pois Ele está no meio de nós. É verdade, ele se dá de modo fantástico em tudo e em todas as coisas; ele vai se revelando para cada um de nós, pacientemente, de oração em oração, de caridade em caridade, até que um dia tudo passe, restando o amor, a caridade (1Cor 13,8).

Porém, discretamente. "Deus se dá, no dom que Ele nos dá[32]."

---

[31] Papa Francisco na missa no Vaticano: https://www.vatican.va/content/francesco/pt/cotidie/2017/documents/papa-francesco-cotidie_20170424_a-fe-e-concreta.html

[32] Santo Inácio. *Exercícios Espirituais.*

Para sentir e saborear...

No silêncio, contemplemos o iluminado de Jesus: Mt 17,2.5-8.
Não há outro modo seguro de crescer na intimidade se não for silenciando e deixando que Ele se revele.
A revelação de Jesus não é obra nossa, é dom e desejo dele mesmo, até que nossos olhos não se percam em detalhes, mas se fixem nele.
Sentindo sua presença, contemple suas vestes brilhantes, sua luz, a voz que vem do céu. Saboreie, interna e amorosamente essa presença.
Gaste tempo contemplando a Face de Cristo e suas roupas iluminadas...
Que nossos olhos encontrem sua luz.

3.3. Nunca sem alegria

O caminho que trilhamos junto a Jesus, como centro da catequese e de nossa vida pessoal, como batizados, é realizado pela profunda unidade com ele. Participamos de sua alegria e sentimos os efeitos de sua Ressurreição em nós.

Nessa dança da vida, ele baila conosco, participa da nossa festa e dá o tom.

Quando descobrimos a centralidade da Palavra e sentimos a saudade de Deus, que nos coloca como mendigos, esperando e desejando, pedindo que ele toque nossa alma, sacie nossa sede e fome, é porque algo em nós já começou a ser realizado. Seu toque, sua presença já nos afetaram. Agora é tomar o caminho dele e nunca mais largá-lo. “Unidos a Jesus, procuramos o que Ele procura, amamos o que Ele ama” (*Evangelii Gaudium* 267).

> Na boca do catequista, volta a ressoar sempre o primeiro anúncio: “Jesus Cristo ama-te, deu a sua vida para te salvar; e, agora, vive contigo todos os dias para te iluminar, fortalecer, libertar”. Ao se designar como “primeiro” este anúncio, não significa que se situa no início e que, em seguida, se esquece ou substitui por outros conteúdos que o superam; é o primeiro em sentido qualitativo, porque é o anúncio *principal*, aquele que sempre se tem de voltar a ouvir de diferentes maneiras e aquele que sempre se tem de voltar a anunciar, duma forma ou de outra, durante a catequese, em todas as suas etapas e todos os seus momentos (*Evangelii Gaudium* 164).

A vida espiritual do catequista, alimentada pela Palavra e pelo fervor do primeiro encontro com Cristo, será a grande luz que orientará a vida cristã de qualidade.

Nunca esquecer o primeiro encontro, seus efeitos e a alegria, que vem de Cristo. A cada dia, será momento oportuno para retomar esse encontro, catequizando o coração, para continuar apaixonado, relembrando tudo, inspirado pelo Espírito, que não nos deixará esquecer nada.

Quando somos capazes de perceber o modo como Deus cuida, cria, mantém e aquece nossa vida, vamos percebendo também como nosso todo, nossa existência faz parte de um todo de Deus, amplo, imenso. Ele, que nos sustenta em seu Espírito, anima a missão e o missionário.

Dom Luciano Mendes de Almeida sempre iniciava suas atividades nos retiros e encontros pedindo a descida do Espírito Santo de Deus e completava: "preste atenção no que você está pedindo: acendei neles o fogo do vosso amor... renovarei a face da terra... instrui o coração dos fiéis com a luz do Espírito Santo... e, ainda nos faz apreciar todas as coisas retamente, sem engano, sem erro, sem equívoco. O desejo é que gozemos sempre de sua consolação".

> Vinde Espírito Santo, enchei os corações dos vossos fiéis e acendei neles o fogo do Vosso Amor. Enviai o Vosso Espírito, e tudo será criado e renovareis a face da terra. Oremos: Ó Deus, que instruístes os corações dos vossos fiéis, com a luz do Espírito Santo, fazei que apreciemos retamente todas as coisas segundo o mesmo Espírito e gozemos da sua consolação. Por Cristo Senhor nosso. Amém.

Essas palavras foram, pouco a pouco, tomando peso e sentido em minha vida à medida que fui percebendo a importância da presença desse Espírito em mim. Ele é a doçura e presença de um Deus, que não se cansa de nos sustentar e animar, aquecer o coração e apontar o caminho da consolação. Não pode haver alegria, paz e consolação profunda sem a presença desse Espírito de Deus, que afaga, ilumina e acalma. Na liturgia da Palavra, na missa da Santíssima Trindade, a segunda leitura é de 2Cor 12,11-13 e nos diz o seguinte: "Irmãos: Alegrai-vos, trabalhai no vosso aperfeiçoamento, encorajai-vos, cultivai a concórdia, vivei em paz, e o Deus do amor e da paz estará convosco. Saudai-vos uns aos outros com o beijo santo. Todos os santos vos saúdam. A graça do Senhor

Jesus Cristo, o amor de Deus e a comunhão do Espírito Santo estejam com todos vós".

Esse convite à alegria é também uma abertura à ação inefável de Deus. Isso nos escapa do controle habitual e revela a força do "Deus conosco", que assegura a alegria plena, a consolação, que gera a comunhão.

A oração cristã, em sua base mais profunda, é alegria da presença de Deus, da Trindade em nós.

A redescoberta do Espírito Santo nos orienta para essa ação amorosa, dócil, consoladora e pacificadora, fazendo-nos ver como o novo a todo instante está a nossa disponibilidade. Jesus, com seu Espírito, está sempre conosco e não é o pai da tristeza, mas da alegria. Só a alegria espiritual poderá nos manter, diante dos desafios, no caminho do anúncio do evangelho.

Não haverá esse anúncio sem o contentamento do encontro com Cristo. O risco será sempre anunciar a si mesmo, se não conhecermos a causa, o motivo, o fundamento da proclamação da Palavra de Deus.

Nossa felicidade deve ser inspirada em Maria, quando saiu apressadamente para anunciar a Isabel e para conferir a ação de Deus na vida de sua prima. As duas, cheias do Espírito, transbordaram essa força que atuava dentro de si. Assim, o anúncio do evangelho deve nos conquistar. É uma missão sublime, necessária e, cada dia, mais desafiadora, que só surtirá seu efeito se carregarmos a alegria da salvação que nos habita. O contentamento de quem anuncia a Cristo vem acompanhado de paz interior, que nos ajuda a perceber o que estamos fazendo: exercendo a missão a que Cristo nos chamou.

Ele mesmo envia, após sua ressurreição, a fim de que possamos proclamar sua vitória sobre a morte. Todos na Igreja são seus mensageiros.

Esse convite é, de verdade, o convencimento de que quem anuncia o evangelho faz parte de Cristo, participa de seu projeto de amor.

Toda vida gasta em nome do evangelho de Cristo é um verdadeiro testemunho de amor a Cristo e a sua Igreja. Assim foi com os santos e deve ser conosco.

São Francisco de Assis dizia que o diabo se alegra, sobretudo, quando consegue tirar a alegria do coração do servo de Deus. Há rachaduras cheias de pó que entram na consciência e que podem impedir a pureza da vida. Mas, quando a alegria espiritual enche os corações, a serpente derrama em vão seu veneno mortal.

Madre Teresa de Calcutá dizia que "a alegria é oração. É um sinal de nossa generosidade, de nosso desprendimento e de nossa união interior com Deus".

Padre Pio afirmava: "Caminha com alegria e com um coração mais sincero e aberto que consegue; e, quando não puder esta santa alegria, ao menos não percas o valor da confiança em Deus".

A Igreja do século XXI segue no caminho da felicidade. Sua força missionária deve vir do encontro com o Senhor da Igreja, Cristo, tendo como exemplo os muitos santos que viveram no século XX. Por exemplo, na missa de canonização de São João XXIII e São João Paulo II, o papa Francisco disse:

> Conheceram as suas tragédias, mas não foram vencidos por elas. Mais forte, neles, era Deus; mais forte era a fé em

Jesus Cristo, Redentor do homem e Senhor da história; mais forte, neles, era a misericórdia de Deus que se manifesta nestas cinco chagas; mais forte era a proximidade materna de Maria. Nestes dois homens contemplativos das chagas de Cristo e testemunhas da sua misericórdia, habitava "uma esperança viva", juntamente com "uma alegria indescritível e irradiante" (1Pd 1,3.8)[33].

Essa felicidade nos sustentará no testemunho de sermos salvos por Cristo e na missão de anunciar a alegria de quem o conhece. A missão da Igreja é a alegria. Comunicá-la será fundamental para que o mundo veja a quem seguimos e porque vivemos desse modo, como seguidores de Cristo. Por isso não pode haver tristeza, pesar e desânimo sobre aqueles que experimentaram a força da salvação. Não há espaço para a tristeza na vida de quem anuncia a Jesus, ainda que as dificuldades apareçam. Óbvio que não estou falando de uma alegria de viver sorrindo, estática; estou falando de uma alegria como modo de existir, que, embora enfrentando dificuldades e provações, a paz permanece, a consolação sustenta; haverá sempre uma "graça suficiente" (Santo Inácio de Loyola) que nos guiará com segurança. O vento do Espírito sempre nos conduz para a frente. Pode acontecer que essa direção seja diferente dos projetos da sociedade atual, que prega e ensina uma alegria a qualquer custo, embasada no ter, possuir, consumir, aparentar, gerando, criando um espaço vazio entre o ser e o parecer ser. Não haverá alegria em um coração que precisa desistir de si

---

[33] Homilia do Papa Francisco na missa de canonização de São João XXIII e São João Paulo II. https://www.vatican.va/content/francesco/pt/homilies/2014/documents/papa-francesco_20140427_omelia-canonizzazioni.html

para ser o que a outra pessoa quer que ela seja. O verdadeiro contentamento está em sermos aquilo que somos, sem máscaras, maquiagens e subterfúgios.

Imagino a alegria de Zaqueu, quando viu que Cristo estava sentado a sua mesa, conversando com ele e com seus amigos! Ele tinha tudo que desejava, mas lhe faltava a presença de Cristo, que impacta, desorienta a vida antiga, abre caminhos novos e ordena para uma nova vida:

> ... Então ele desceu rapidamente e o recebeu com alegria. Todo o povo viu isso e começou a se queixar: "Ele se hospedou na casa de um pecador".
> Mas Zaqueu levantou-se e disse ao Senhor: "Olha, Senhor! Estou dando a metade dos meus bens aos pobres; e, se de alguém extorqui alguma coisa, devolverei quatro vezes mais".
> Jesus lhe disse: "Hoje houve salvação nesta casa! Porque este homem também é filho de Abraão. Pois o Filho do homem veio buscar e salvar o que estava perdido" (Lc 19,1-10).

Zaqueu acolheu Jesus; o que isso significou para ele? A consolação e a paz interiores, ao conhecê-lo mais intimamente, apontaram para uma conversão concreta, que deveria, inclusive, devolver em quantidade maior aquilo que havia roubado dos pobres. Jesus sabia o que estava fazendo, entrou na casa certa, de um "doente" ou, posso dizer também, entrou na casa de uma pessoa triste. A alegria em receber Jesus agora estava em fazer sua vontade. Basta essa presença íntima. Não consta nenhum discurso de Cristo, nenhuma fala, mas tê-lo à mesa abriu-lhes os olhos. Assim como em Emaús (Lc 24,15-35), hoje, Zaqueu conheceu a felicidade verdadeira.

A força da presença e da Palavra de Deus, a vida em comunidade nos oportunizam esses momentos de encontrarmo-nos com uma verdade que nos liberta de toda a falsa alegria que o mundo oferece. Por isso é preciso insistir e esperar sempre a graça da consolação dada por Deus: "e gozemos sempre da sua consolação". Deixemos que Jesus entre em nossa casa e saboreemos sua presença à mesa eucarística.

Para sentir e saborear...

Contemple Jesus passando pelas vidas de pessoas tristes e perceba a alegria de serem libertas por meio do olhar, do toque, da presença e da abundância que Cristo traz.
No silêncio do coração, busque senti-la pelo dom que você é.
Deixe-se tocar pela alegria do Senhor, que entra de maneira discreta em nossa casa e nos habita.
Contemplemos a alegria de Zaqueu com Jesus e seus amigos e meditemos como sua vida e seus gestos nos impactam.

4

A ESPIRITUALIDADE NOS DIAS ATUAIS: DESAFIOS E OPORTUNIDADES

4.1. O individualismo religioso

A pregação do evangelho vai tomando contornos individualistas, especialmente quando perde o sentido de comunidade e de testemunho ("martirium"). Testemunhar o Evangelho é morrer para si, não olhar para traz, assumir sua cruz de cada dia e segui-lo (Lc 9,23), olhando para frente, como um corpo que vive e está nas mãos de Deus (Jo 17,16).

O eixo central da espiritualidade nos tempos atuais passa pelo olhar amplo que Jesus tinha ao se relacionar com todos que passassem por seu caminho, devolvendo-lhes a vida. A expressão maior desse testemunho está na mesa do lava-pés e na cruz, quando Jesus se desnuda e revela sua real missão: servir a todos por amor, sem acepção de pessoas. O amor é missão.

Quando tomamos a espiritualidade para fins personalistas, desvirtuamo-nos do evangelho, criando a religião pessoal, esquecendo a entrega total de Jesus por todos e para todo o mundo: "o seu Reino não terá fim" (Lc 1,23).

A religião busca dar sentido a nossa existência, na medida em que nos insere no caminho dos apostólos, mártires, santos e profetas. A comunidade eclesial nos presenteia com esse legado. Toda fragmentação e divisão, gerando grupos separados do Corpo de Cristo, quebra a unidade e pleiteia um Cristo para o serviço pessoal.

A religião cristã sempre correu o risco de ser uma instituição repetidora de ritos, fechada em uma bolha, autocentrada, perdendo, assim, sua essência.

Jesus mesmo advogou por uma religião da compaixão que constitui discípulos e missionários para ir e batizar em nome do Pai, do Filho e do Espírito Santo. Esse Batismo oferece vida e Ressurreição, o que é diferente de conforto, bem-estar, riqueza material e prosperidade financeira.

Essa tendência é moda, também entre nós católicos. Apenas um conhecimento interno de Jesus pode romper com essa tentação, cuja origem está nas próprias tentações de Jesus. Ele mesmo a rejeitou e nos apontou o caminho da vivência do evangelho como modo de não sucumbirmos aos demônios facilitadores e encurtadores de caminho.

O caminho do Evangelho passa pela experiência comunitária, afetiva e efetiva. A Igreja que segue o caminho de Jesus deve se tornar uma "'escola da sabedoria cristã'[...], lugar de aprendizado, de oração e de serviço [...] até ela amadurecer para a tarefa que lhe foi confiada por Cristo: Ide e instruí as nações"[34].

---

[34] Tomas Halik. "Não sem Esperança", Vozes, 2018, p. 48.

Há um ambiente religioso crescente que aponta para a busca da felicidade a qualquer custo e ao prazer como fruto do gozo espiritual, sem considerar e perceber o perigo e o engano que o sentimentalismo nos oferece e obriga a vivenciar.

Vivemos o tempo da "tirania do prazer" (Jean-claude Guillebaud). "Não farei nada que não me dá prazer aqui e agora." A mistura da religião com o prazer é uma "bomba atômica" engatilhada dentro de nossos templos.

A busca de terapias excêntricas, todo tipo de meditação e relaxamentos aparecem como formas de tranquilizar e acalmar, dar vazão à tensão, fruto da velocidade, hiperconexão. Essas técnicas oferecem "paz à alma", como fruto do próprio esforço. "Seria uma forma muito semelhante de fetiche que lhe permite esquecer que o ser humano não arrisca uma transcendência verdadeira, mas que permanece um membro absolutamente conformado à civilização tecnológica do consumo, mesmo que ele rejeite em suas palavras[35]." Ou seja, rendemo-nos a tudo que podemos, buscamos técnicas espirituais para fazer com que a religião nos dias atuais, desconfigurado de códigos, normas e preceitos, ajude a encarar a dispersão da própria alma e a encontrar o sentido da vida, em vez de mergulhar no mais íntimo do ser para encontrar Deus, gerando conversão, mudança de postura e de vida, senso crítico a tudo o que temos a testemunhar do Evangelho. Essa postura tira o que é central da espiritualidade e da religião cristã: o confronto e o encontro com o Deus encarnado.

---

[35] Tomas Halik. "Não sem Esperança", Vozes, 2018, p. 34.

Quanto à sociedade, diversa e multirreligiosa, está no caminho que nos aponta para o diálogo, acolhida e respeito aos demais, fugindo da tentação de separar: "nós e os outros". É preciso estar atento/a, pois uma coisa é dialogar e caminhar no respeito, outra coisa é utilizar os elementos dos outros para, de certa forma, modificar os elementos de sua religião. Vivemos essa mistura atualmente. Ausente do senso crítico, queremos adaptar toda a nossa realidade àquilo que vemos em outro lugar, que poderia nos servir e nos fazer bem. As coisas não são tão relativas assim. Podemos também beirar o desrespeito pelo que é dos outros por tradição, pelo que é seu elemento e que não deveria ser cooptado de qualquer forma ao "bel-prazer" e querer. O caminho é reforçar a identidade e a autenticidade, sempre no caminho do diálogo e do respeito.

Nosso itinerário é marcado por uma Tradição que nos liga a Cristo e a uma liturgia que nos insere nele. Sendo assim, somos convidados a amar como Ele. Em meio à diversidade, somos chamados a fortalecer nossa identidade. Quem somos? De onde viemos? Para onde iremos? Quanto mais tivermos as respostas, veremos que a diversidade religiosa nos convida a sermos quem devemos ser, não para combater, perder de vista que somos capazes de uma relação com Deus e que ela nos constitui. São João Paulo II, no encontro Inter-religioso em Jerusalém, no ano 2000, afirmou:

> Estamos todos de acordo ao considerar que a religião deve estar centrada de modo autêntico em Deus e que os nossos primeiros deveres religiosos são a adoração, o louvor e a

ação de graças. O sura inicial do Alcorão afirma: "Louvor a Deus, Senhor do mundo" (Alcorão 1,1). Nos cânticos inspirados da Bíblia, ouvimos a chamada universal: "Todo o que respira louve a Javé! Aleluia!" (Sl 150,6). No Evangelho lemos que, quando Jesus nasceu, os anjos cantaram: "Glória a Deus nas alturas" (Lc 2,14). Agora que muitos são tentados a administrar a própria vida sem referência alguma a Deus, chamada a reconhecer o Criador do universo e o Senhor da história, é essencial para garantir o bem-estar dos indivíduos e o correto desenvolvimento da sociedade[36].

Eis um grande desafio: sabermos acolher e dialogar sem medo, não perdendo nossa essência. Mais um motivo para uma relação espiritual madura, íntima e capaz de reconhecer na face do irmão e da irmã a imagem de Deus. Retomemos o caminho da formação, da espiritualidade e do silêncio para a contemplação do rosto de Deus, na pessoa de Cristo Jesus, deixando-nos configurar por ele.

Falando tanto em intimidade, não quero dizer individualismo: o individual nos leva ao íntimo, àquilo que se passa dentro, no interior, nos afetos e na realidade interior. Já o individualismo nos fala de algo fechado, isolado, sem abertura, que circula ao redor de si mesmo, até mesmo asfixiante[37].

O processo religioso pós-moderno, se não for cuidado, pode se aproximar mais do individualismo e da religião como bem-estar pessoal, distanciando-nos do

---

[36] João Paulo II, no encontro Inter-Religioso em Jerusalém no ano 2000 – https://www.vatican.va/content/john-paul-ii/pt/travels/2000/documents/hf_jp-ii_spe_20000323_jerusalem-notre-dame.html

[37] José A. Garcia, citando em seu livro: Ventanas que dan a Dios, Sal Terrae, 2011, p. 63. H. Bejar, El ámbito íntimo. Privacidad, individualismo y modernidade, Alianza Universidad, Madrid, 1988.

íntimo de nós mesmos, que é o Cristo, que nos apresenta o caminho da paixão, morte, cruz e ressurreição. Esse processo nos dispersa do evangelho e nos faz focar no pregador; distancia-nos do conteúdo da salvação e nos oferece um material humanístico/psicológico/filosófico, longe de ser Evangelho de Cristo; cria ídolos, distanciando-nos do fogo que aquece dentro, que é o amor de Deus. Afasta-nos dos altares, das imagens sacras, dos incensos, do belo na liturgia para nos empurrar a uma religião pseudorreligiosa, com características de "show da fé", com muita música, muitas lágrimas, muitas luzes, painéis gigantescos de LED e pouco sentimento de *eclesia*, Igreja, Corpo de Cristo, onde tudo fica muito escuro, para a luz iluminar o pop-star que mercantiliza o evangelho, buscando mais engajamento nas redes sociais, sem ter quase nenhuma preocupação com as questões sociais. O ideal é a promoção pessoal e de sua igreja. Em meio a tudo isto, Cristo vai perdendo espaço, ficando esquecido. Acontecem muitos eventos "para" Jesus, porém sem sua presença. Há mais preocupação com uma estética religiosa e menos com a valorização da mudança de vida e da vivência do evangelho.

Para sentir e saborear...

O texto bíblico para ajudar a meditar será Mc 16,15.
Quando está em comunidade, na igreja, qual sua principal motivação?
Considerando seu interior, qual o nível de intimidade e conhecimento da pessoa de Jesus que você possui?

Quanto lhe faz falta a presença amiga de Jesus em sua vida?
Jesus está sempre despertando sua comunidade para a paz, a alegria, a esperança e o anúncio do Evangelho. Você se sente uma pessoa enviada por Ele para anunciar? Ou apenas sente que a religião é um serviço a ser prestado a você? Converse com Jesus e repita esse texto bíblico no mais profundo "Ide e anunciai"...

4.2. O cotidiano é lugar de Deus

Aqui mora o ponto central da espiritualidade cristã: buscar e encontrar o alimento certo para o sustento da vida. "A Palavra se fez carne e habitou entre nós" (Jo 1,14). Jesus, participando de nossa cotidianidade, abre-nos à possibilidade de participarmos do banquete da vida. Comer o Pão da vida, que veio do céu, coloca-nos, diretamente, em comunhão com Deus, que nos deu seu Filho amado como sustento e alimento, "é meu Pai quem vos dá o verdadeiro pão do céu" (Jo 6,30-35).

Na peregrinação que é a vida cristã, em alguns momentos chegamos ao fim do dia cansados, com um forte desejo de chegar a casa e descansar.

Metaforicamente, podemos olhar para a humanidade, em pleno século XXI, e perceber que se trata de uma sociedade exaurida e com expectativas ainda maiores, que deseja correr mais, embora muitos já tenham ficado pelo caminho, sem perspectiva e sem horizontes, estafados e afetados pela busca de sentido, deparando-se com o nada.

Por qual motivo estamos cansados? Ao mesmo tempo, por qual motivo corremos tanto?

Certo mesmo é que se faz necessário encontrar tempo para o descanso. Quem está cansado pode se perceber assim e abrir-se a uma experiência de final de dia: deixar que haja encontro, relação e intimidade.

O pensador austríaco Peter Handke diferencia o cansaço "fundamental" (profundo) do cansaço esgotamento. Para ele, aquele é tudo menos um estado de esgotamento, no qual seríamos incapazes de fazer alguma coisa. Este, pelo contrário, inspira e faz surgir o espírito, é visto como uma capacidade especial. O "cansaço" habilita o homem para uma serenidade e um abandono especial, para um não fazer sereno... desperta uma visibilidade específica. Permite uma atenção totalmente distinta, que nos leva a fazer desaparecer a economia da eficiência e da aceleração. Segundo ele, esse cansaço é uma forma de salvação e traz de volta ao mundo a admiração. Já o cansaço esgotamento nos impossibilita de fazer qualquer coisa[38].

"Agora aquele novo cansaço chegava assim que saíamos para as ruas depois do turno e cada um seguia seu caminho. De repente. Sozinho no meu cansaço – olhos piscando, óculos empoeirados, colarinho aberto e sujo – eu ganhava novos olhos para a imagem familiar da rua. Eu não via mais como antes...[39]."

O esgotamento da sociedade atual indica, pois, um fim de festa, uma certa "ressaca" moral, religiosa, que

---

[38] Sobre os dois tipos de cansaços "fundamental" e o cansaço esgotamento presentes no livro "A sociedade do cansaço" de Byung-Chul Han, Editora Vozes, p. 69-78.

[39] Peter Handke. *Ensaio sobre o cansaço*. Estação Liberdade, 2020, p. 34.

deixa meio que escanteados Deus e seus santos. Há uma busca do elemento religioso sim, mas que revela uma desconfiguração de tudo o que havíamos visto e pensado quanto à religião, até agora. Tudo passa a ser relativo: dogmas, normas e magistério. Passamos a construir nosso próprio caminho; cansamos de percorrer o caminho de sempre, sem parar para ver tudo como nunca feito antes, inclusive o que nos é mais familiar.

Esse cansaço gerará uma sociedade cansada profundamente, que se veja cansada, por isso capaz de alcançar algo novo, por sua capacidade de abertura ao espírito e ao belo, como pensa Handke? Com toda essa pressa, iremos aprender algo mais adiante?

Enquanto Igreja, poderemos apresentar algo novo, ou pelo menos, seremos capazes de apresentar algo de um modo novo para aqueles que já estão cansados, esgotados? Seremos capazes de tirá-los do esgotamento para irmos em direção a um cansaço fundamental que nos abre os sentidos para ver tudo novo?

Nesse tempo da religião dos excessos, quando "carregamos bastante nas tintas", nas músicas, nas emoções e em eventos religiosos para multidão, como gerir o cansaço esgotamento? O que nos tira do caminho e nos exaure? Como poderemos apresentar e fazer perceber que há um cansaço que nos possibilita a novos feitos: mais leves, mais fundantes, mais íntimos e que poderão nos abrir ao Espírito de Cristo, que soube descansar e ser descanso? "Vinde a mim, vós todos que estais cansados e sobrecarregados, eu vos darei descanso" (Mt 11,28).

O "colo de Deus" é o lugar de descanso, de "ver novas todas as coisas" mais cotidianas, perceber a ação de Deus e do Espírito, que age e sustenta a dinâmica da vida de fé. O mistério está por trás de tudo. Temos olhos para ver isso? O estupor, diante da ação de Deus no cotidiano, nas coisas simples, nas surpresas de Deus, somos capazes de enxergar? A presença e a ação de Deus na liturgia são lugares de descanso para todos que estão "como ovelhas sem pastor" (Mt 9,36).

A não ser descansar em Cristo e comer sua Palavra não há outro caminho. Pouco a pouco, é preciso sentir e saborear como a Palavra de Deus sustenta "pelos prados e campinas e me faz descansar; minhas forças o Senhor vai animar" (Sl 23).

Para sentir e saborear...

O Senhor é o meu pastor; nada me faltará.
Em verdes pastagens me faz repousar
e me conduz a águas tranquilas;
Restaura-me o vigor.
Guia-me nas veredas da justiça,
por amor do seu nome.
Mesmo se eu andar por um vale de trevas e de morte,
não temerei perigo algum, pois tu estás comigo;
a tua vara e o teu cajado me protegem.
Preparas um banquete para mim
à vista dos meus inimigos.
Tu me honras, ungindo a minha cabeça com óleo
e fazendo transbordar o meu cálice.
Sei que a bondade e a fidelidade
me acompanharão todos os dias da minha vida
e voltarei à casa do Senhor enquanto eu viver.

4.3. O humano é capaz de Deus

Sentirmos Deus e deixarmo-nos tocar por Ele. A mudança do olhar e do modo como nos relacionamos com Deus, com Jesus nos faz alargar os horizontes.

A Igreja católica, por meio dos símbolos, ajuda-nos a nos aproximarmos mais do Pai e das coisas do alto. Toda a liturgia, a catequese, as igrejas, os ornamentos e paramentos possuem seus símbolos e significados específicos.

A Igreja, por meio dos sacramentos, que são símbolos, ajuda-nos a experimentar Deus. O que são os sacramentos? "São sinais eficazes da graça, instituídos por Cristo e confiados à Igreja, pelos quais nos é dada a vida divina" (CIC 1131), diz a Igreja católica.

A graça nos é dada por meio dos sacramentos. Eles são a forma pela qual Deus mesmo nos toca, o modo pelo qual vem a nós, com sua graça.

Ele vai se dando, pouco a pouco, discretamente em tudo, o que a Igreja nos oferece de modo sacramental, do nascer ao morrer; Ele se faz presente consolando e dando a vida.

Como compreender essa forma de falar de Deus nos tempos atuais, quando os símbolos estão sendo superados por ícones/imagens virtuais?

Todos nós somos afetados, quando aquilo que vemos, as imagens atuais, não fala mais de modo simbólico para nossa vida. A imaginação vai ficando rasa. Ao mesmo tempo, nessa realidade mergulhada nas tecnologias, sem simbologias, vamos querendo também experimentar Deus de um modo mais técnico, pragmático e, óbvio, sem mistério, sem "mistagogia" (ou seja, tudo é raso, rápido e factível. A mistagogia é um processo diferente. Acontece de modo que uma pessoa que crê é conduzida para dentro do que a Igreja chama de mistério, daquilo que estamos celebrando com gestos, símbolos, palavras e ações), esvaziado, sem "estupor" (ou seja, sem admiração ou adoração, pois o estupor é aquilo que nos surpreende, faz-nos "faltar o fôlego", deixa-nos sem palavras, comunicando que há algo muito *maior* do que o que vemos e experimentamos); tudo deixa de ser sacramento e passa a ser realidade passageira e opaca, que, após ser consumida, deixa de ter o significado que tinha para a emoção. Para o papa Francisco "é necessário recuperar o estupor diante do mistério"[40] que celebramos, que é a eucaristia. Entendo esse convite como irmos para águas mais profundas, demorar no Senhor, recuperar a amizade e a necessária prática de ficar em silêncio com o amigo Jesus.

O que é mistagogia?

"A palavra 'Mistagogia' é de origem grega e composta de duas partes: 'mist' + 'agogia'. 'Mist' vem de 'mistério' e 'agogia' significa 'conduzir', 'guiar'. Podemos definir a palavra como: a ação de guiar, conduzir para dentro do mistério"[41]. Os neófitos eram introduzidos, mais profundamente, nos sacramentos que haviam celebrado na Páscoa. Eles recebiam uma "catequese mistagógica" por parte do

[40] Encontro do Papa Francisco com o clero da Diocese de Roma, realizado na manhã de quinta-feira, 19 de fevereiro de 2015, na Sala Paulo VI.

[41] De acordo com o site da Arquidiocese de São Paulo: https://arquisp.org.br/regiaolapa/vigario-episcopal/artigos/iniciacao-a-vida-crista-mistagogia.

bispo[42], a qual tinha como objetivo 'pegar pela mão' e entrar no significado daquele 'mistério' (sacramento) que havia recebido, celebrado, "pondo em contato com os gestos que, de uma vez por todas, realizou Jesus em sua vida terrena e permanecem enternizados em sua condição gloriosa. Tais gestos se tornam presentes nos sacramentos. De maneira simbólica, mas real[43]".
O desejo mesmo era o de aquecer o coração e crescer na consciência do que se celebrava. Ou seja, era um método (uma etapa na vida de quem é catequizado), um modo de catequizar, anunciar o evangelho, introduzindo o cristão na dinâmica daquilo que se celebra e, ao mesmo tempo, um modo de crescer na consciência de que, por trás do rito, há uma dinâmica do Espírito, que nos conduz aos mistérios da vida de Cristo.
A mistagogia é o modo como vamos compreendendo o que acontece em cada sacramento celebrado, vamos vendo e descobrindo, pouco a pouco, Cristo mesmo atuando e se dando.

No âmbito da religião, o sacramento nos introduz na realidade simbólica de Deus, insere-nos e nos transforma em símbolos, sacramento de Deus no mundo.

A Igreja ensina que o símbolo[44] é a unidade entre duas partes que estão separadas e que perdem seu sentido quando assim estão. Por isso o sacramento une nossa

---

[42] Juan A. Ruiz de Gopegui. *Eukharistia, Verdade e caminho da Igreja*. Edições Loyola, São Paulo, p. 13.

[43] Juan A. Ruiz de Gopegui. *Eukharistia, Verdade e caminho da Igreja*. Edições Loyola, São Paulo, p. 13.

[44] Pesquisa universitária de Felipe da Silva Braga, PUC-RIO, p. 18. https://www.maxwell.vrac.puc-rio.br/12217/12217_3.PDF

pobreza à riqueza, que é Cristo. Juntos ganhamos um significado sacramental novo.

As igrejas e os templos dos dias atuais perderam a simbologia, transformaram-se em galpões que aglutinam pessoas, mas que não criam sacramento. Vamos perdendo a capacidade da mistagogia. Atualmente, vemos que o desejo e objetivo principal é levar as pessoas a uma experiência religiosa no agora, sem consequências no depois, beirando a mágica e quase afirmando que experiência religiosa é receber milagres. Nesse modelo de Igreja, a experiência do ser constituído em "Corpo de Cristo" vai dando espaço para uma vivência da fé que tem como intermediário quem prega, canta e ministra. Todo o espaço religioso é desnudo de simbologia religiosa. A imaginação fica comprometida pela emoção que compõe a cena do culto, normalmente em espaços escuros. Quando se cria o ambiente religioso, acendem-se as luzes, e a simbologia e a experiência religiosa são desfeitas. É preciso restabelecer a capacidade da imaginação e do simbólico, para que recuperemos essa forma sacramental de relação com Deus.

O desafio do anúncio do Evangelho é recuperar a mistagogia, o simbólico e o sentimento de participação nessa dinâmica, tirando do imaginário religioso que a religião é lugar de buscar mágicas. Ao contrário, é lugar de oferecer, doar, participar. A cura e o milagre estão dentro da dinâmica da fé, de um modo mais inserido na dinâmica da comunidade, no modo como Deus se dá e se revela. Para isso, precisamos ter "olhos" para ver!

O evangelho ganha força por meio da emoção, mas tira Jesus do centro. Não se fala em discipulado e em seguimento a Cristo. "Só a figura neotestamentária de Jesus será capaz de desmascarar a mentira das imagens de Deus oferecidas por essas Igrejas, ao revelar o sentido da vida humana no mesmo caminho de restauração do sentido que levou Jesus à cruz[45]."

Santo Inácio de Loyola dizia que Deus nos ama e nos comunica seu amor, pois fomos feitos para a comunicação, para a relação – "o amor consiste em comunicação mútua entre o amado e aquele que ama"[46]. Ao mesmo tempo em que Deus vai se revelando, também vai se doando no dom que ele nos dá. Por exemplo, em quem tem o dom de cantar, de tocar, cozinhar, administrar, pregar Deus está se doando. E não só isso, devemos "considerar como Deus trabalha e age por minha causa em todas as coisas criadas sobre a face da terra"[47]. Essa forma de ver e imaginar Deus é pura simbologia, tranformando a realidade e o universo em sacramento. Deus trabalha, age, cuida e ama. Ele habita e se revela em todas as coisas. Cresce em nós a consciência de que todas as coisas existem em Deus.

> Considerar como Deus habita nas criaturas: nos elementos, pelo ser; nas plantas, pelo crescimento; nos animais, pela sensação; nos homens, pelo entendimento. E, sendo assim, em mim, dando-me o ser, a vida, os sentidos e a

---

[45] Juan A. Ruiz de Gopegui. *Eukharistia, Verdade e caminho da Igreja*. Edições Loyola, São Paulo, p. 128.

[46] Inácio de Loyola. *Exercícios Espirituais*, n. 231.

[47] Inácio de Loyola. *Exercícios Espirituais*, n. 236.

inteligência; e, ainda, fazendo de mim templo seu, já que fui criado à semelhança e imagem de sua Divina Majestade[48].

Sentir e saborear sua presença, nas coisas, no mundo criado por Deus, capacita-nos a abrirmos os sentidos de nossa vida para Ele; começamos a percebê-lo e senti-lo de modo diferenciado em tudo que fazemos.

A experiência de Deus é sim possível, desde que sintamos e percebamos sua presença no cotidiano contemplando sua face, por meio de sua Palavra.

Um olhar amplo e profundo é capaz de contemplar que Deus se revela em todas as coisas. Para isso, precisamos antes senti-lo dentro de nós, saboreá-lo, permanecer nele, demorar nele.

Tudo muda: nosso olhar para com as coisas, pessoas, natureza, universo verá Deus nos tocando de forma sacramental. Assim, nós o enxergaremos dinamizando tudo, por meio da "contemplação da figura *humano-divina* de Jesus Cristo, que só pode ter lugar no seio da relação interpessoal. Deus manifesta-se como Plenitude da verdade e do bem, ao se revelar como Amor infinito que abraça a pessoa que contempla a figura"[49].

Precisamos perceber que a encarnação de Jesus é fruto do amor de Deus pela humanidade. Ele se faz pequeno, migrante e pobre. Essa criança é sacramento de Deus Pai entre nós. Olhamos e vemos um menino; rezamos e vemos Deus.

---

[48] Inácio de Loyola. *Exercícios Espirituais*, n. 235.

[49] Juan A. Ruiz de Gopegui. *Eukharistia, Verdade e caminho da Igreja.* Edições Loyola, São Paulo, p. 133.

Trata-se, a meu ver, de uma dinâmica de contraste, que é típica do mistério da encarnação, entre um mundo indigno e um Deus que se digna curvar-se sobre o ser humano; entre o mundo desesperado e um Deus que oferece esperança e olha para os homens com misericórdia, compaixão e bondade; entre uma obra de alcance cósmico e divino, que diz respeito a todo o universo, à história, à humanidade, e a humildade e a pequenez de Nazaré, cidadezinha da Galileia e de Maria[50].

Vamos perceber que a ressurreição de Jesus é fruto do amor de Deus, a qual antes passou pela paixão e morte de cruz; experienciou os contrastes próprios da encarnação. Olhávamos e víamos um homem desfigurado, rezando, ferido, nu, humilhado, vencido. A divindade estava escondida em carne humana[51]; nem todos os olhos viram, entenderam, acolheram ou compreenderam que estavam diante do sacramento do amor infinito de Deus, trabalhando, cuidando e amando. Aí está a mais bela catequese. Apredemos que é Deus mesmo que nos oferece, quando decide enviar seu filho por amor, para nossa salvação. Hoje, temos acesso à salvação, por meio de Cristo. No entanto nem sempre reconhecemos isso. À sombra da cruz, assim como aos discípulos, será a nós revelado o Mistério divino em Jesus[52].

Esse Deus, que se fez homem e morreu na cruz, também hoje, toca nossa carne com sua presença por meio dos sacramentos recebidos da Igreja.

---

[50] Carlo Maria Martini. *Ordenar a própria vida*. Edições Loyola, São Paulo, p. 118.

[51] Inácio de Loyola. *Exercícios Espirituais*, n. 196.

[52] Juan A. Ruiz de Gopegui. *Eukharistia, Verdade e caminho da Igreja*. Edições Loyola, São Paulo, p. 130.

Jesus, então, faz-se amor em gestos e palavras, ensinando o humano a reconhecer o rosto de Deus em tudo.

Pacientemente, Jesus revelou, em cada palavra e gesto seu, a presença do Pai agindo e amando. Deus e seu amor foram ficando mais perto.

Dentro de nós é possível experimentá-lo, enxergar seu rosto e acolher seu amor.

É fundamental termos claro que ainda não seremos capazes de compreender tudo. Por mais que sintamos sua presença a se mover em nós, aquilo que dizemos ser Deus nada mais é que a passagem de sua sombra sobre nós. Sentimos e sabemos que algo maior nos tocou, que algo grande nos tirou de nossas seguranças, conduziu-nos a mais silêncio, que deve ser a melhor resposta à manifestação de Deus em nós[53]. Há muito o que descobrir dele. Por isso a importância de construir amizade e intimidade com ele, para que descubramos, mais e mais, seu rosto e seus sentimentos nos silenciando, em nosso cotidiano. Precisamos mergulhar mais e mais neste "bendito emudecimento que nos obriga a escutar a nossa voz mais profunda'. Assim como aconteceu com Zacarias (Lc 1,20), 'necessitaremos entrar mais vezes em nosso templo, suportar a visita do anjo e experimentar a "errupção da nossa identidade mais profunda'"[54].

A força do cristão batizado, do padre, da religiosa, do religioso, do missionário, da missionária e dos catequistas está em sua capacidade de sentir, experimentar, anunciar e testemunhar o que experimentou, não sem antes silenciar, "sentir e saborear".

[53] Pablo d'Dors. *Biografia del Silencio*, Galaxia Gutemberg, p. 33.

[54] Pablo d'Dors. *Biografia del Silencio*, Galaxia Gutemberg, p. 34.

Deus vai se dando de forma tão discreta, pouco a pouco, para que nossa "fragilidade não se espante". Certa vez, quando morei em Havana (Cuba), passou um tornado muito forte; a noite foi transformada em dia; tudo ficou claro; muitos relâmpagos, tudo tremia, banlançava, o barulho era horrível; a noite foi interminável. Próximo ao amanhecer do dia, consegui dormir. Ao acordar, era uma verdadeira calmaria. Tudo tranquilo. Não parecia que havíamos vivenciado aquela noite terrível. Saímos para as ruas e vimos a destruição de muitas casas, árvores... faltava tudo: energia, água e outros. Após muita partilha de sentimentos, o padre, nosso mestre, falou: "este não foi em si o tornado, mas apenas a ponta da sua calda". Podemos usar essa experiência como metáfora para falar sobre Deus. Tudo o que já experimentamos: as consolações que tivemos, as lágrimas que já derramamos, a paz que já sentimos... nada se compara com Deus. Tudo isso foi apenas a ponta, o finalzinho de sua passagem por nossa vida. Algo maior, mais intenso, mais forte e inefável está guardado para o momento do "face a face".

Para sentir e saborear...

"Olhar como todos os bens e dons descem do alto; como meu limitado poder provém do sumo e infinito poder do alto, bem como a justiça, a bondade, a piedade, a misericórdia e outros, tais como do sol descem os raios, da fonte, as águas e outros.
Acabar a oração com uma reflexão, uma conversa com Jesus e um Pai-Nosso"[55].

[55] Inácio de Loyola. *Exercícios Espirituais*, n. 237.

Este livro foi composto com as famílias tipográficas Bookmania e Gill Sans MT
e impresso em papel Offset 70g/m² pela Gráfica Santuário.